START UP

HANREI

刑法 判例 50!

各論

十河太朗
豊田兼彦
松尾誠紀
森永真綱

有斐閣

Preface

はしがき

　「判例って，どうやって勉強すればいいんですか？」　学生の皆さんから，こんな質問をよく受ける。

　判例の学習が重要だということはわかっている。でも，具体的には何をすればいいのだろう？　大学の講義で判例を1件1件詳しく説明してくれるわけではないし，定評のある判例解説書を読んでみたけど今の自分にはちょっと難しい……。

　そう思っている人は多いのではないだろうか。そんな皆さんのために書かれたのが，本書である。本書は，刑法各論を学ぶ上で必ず知っておきたい50件の判例を厳選し，ポイントを押さえながら学習する判例教材である。

　それでは，判例の学習のポイントとは何だろうか。それは，①事実関係はどのようなものか ⇒ ②その事実の中で何が争点となったのか ⇒ ③その争点について裁判所はどのような判断を示したのか ⇒ ④その裁判所の判断の要点は何か ⇒ ⑤その裁判所の判断にはどのような特徴があり，どこが重要なのか，という流れを意識して学習することである。

　本書では，1件1件の判例について，①〔事案をみてみよう〕 ⇒ ②〔読み解きポイント〕 ⇒ ③〔判決文・決定文を読んでみよう〕 ⇒ ④〔この判決・決定が示したこと〕 ⇒ ⑤〔解説〕という順に項目が並んでいて，これを順番に読み進めていくと，上の①〜⑤の流れが自然に学べるようになっている。

　中でも本書の独自の工夫は，〔読み解きポイント〕と〔この判決・決定が示したこと〕にある。判決文や決定文をいきなり読むのは難しい。そこで，まず〔読み解きポイント〕で，判決文や決定文を読むときにどこに着目すればいいかを把握し，その上で判決文や決定文を読む。その後，〔この判決・決定が示したこと〕で，判決文や決定文の要点を確認する。これによって，判例の内容が理解しやすくなるはずである。

また，判例を理解するためには一定の予備知識が必要である。そこで，本書では，個々の判例を学ぶ前に，「Introduction」などで，判例を読むのに必要な基本事項を確認できるようにしている。特にChapter Ⅲでは，「財産犯の見取り図」として財産犯の全体像について解説した。財産犯では，個々の犯罪をばらばらに勉強するのではなく，各犯罪の相互の関係や違いを理解することが重要になるからである。さらに，発展的な学習をしたい人のために，Chapterの最後に「もう一歩先へ」というコーナーを設け，50件以外の判例も紹介することにした。

　本書は，『刑法総論判例50！』と対になっている。本書と併せて読むと，刑法の重要判例をひととおりマスターできる。

　本書の執筆にあたっては，定期的に何度も会合を開いて，4人の執筆者が原稿を持ち寄り，すべての原稿について，「ここは，この表現のほうがわかりやすい」，「この部分は難しすぎるから，ここの説明を充実させよう」などと全員で意見を戦わせた。

　そして，その会合には，有斐閣の三宅亜紗美さんと栁澤雅俊さんがいつも同席し，的確な指摘と助言を与えてくださった。資料の作成や原稿の確認などの作業も完璧にしてくださり，お二人には心から敬服し，感謝している。

　「わかりやすい判例教材を」という私たちの想いが本書には詰まっている。皆さんが本書で判例を学習し，「なるほど，わかった」と思うと同時に「もっと判例を勉強したい」と思ってくださるとすれば，それは私たちの最大の喜びである。

2017年10月

十河太朗
豊田兼彦
松尾誠紀
森永真綱

著者紹介

森永真綱
Morinaga Masatsuna

甲南大学准教授

① 1974 年／大阪府にて生まれ育つ。②学部生のときの刑法ゼミが楽しくて，あまり深く考えずに進学したところ，どういうわけか大学の教員になってしまい，今日まで続けているというか，続いてしまっています。③刑法総論よりも刑法各論のほうが具体的でわかりやすいかもしれません。総論が難しそうだと思う人，まずは各論からやってみましょう。

執筆担当：Chapter III〔III-4，p. 100・101〕，V，VI

松尾誠紀
Matsuo Motonori

北海道大学教授

① 1975 年／奈良県。②職業に関する目標は持たず，ただ勉強を続けたいとの思いで進学をした大学院。刑事法の研究会で，先生方の研ぎ澄まされた議論を目にして憧れを抱き，自分もその世界に身を置いてみたいと思いました。③1 つの犯罪は複数のパーツ（犯罪の成立要件）からできています。そのパーツの意味・内容を 1 つずつ理解していきましょう。

執筆担当：Chapter III〔p. 31，III-1，III-2〕

豊田兼彦
Toyota Kanehiko

大阪大学教授

① 1972 年／島根県生まれ，大阪育ち。②高校時代に冤罪の本を読んで衝撃を受け，弁護士に憧れる一方，大学教員って好きな研究を仕事にできてかっこいいなあとも思っていました。大学に入って刑法の面白さを知り，3 年生の終わりに刑法の研究者になると決めました。③興味のある犯罪から始めてかまいません。そしてとことん突き詰めてみましょう。

執筆担当：Chapter I，II

十河太朗
Sogo Taro

同志社大学教授

① 1965 年／大阪府生まれ，茨木，松山，高松，札幌，京都育ち。②人見知りなので，「研究者だと，勉強さえしていれば，人と話さなくて済む」と思い，高校時代から研究の道に進むことを決めていました（実際には，研究者の世界でも人とのコミュニケーションは大切です）。③典型事例に犯罪の成立要件を 1 つずつ当てはめる練習から始めると良いと思います。

執筆担当：Chapter III〔p. 32・33，III-3〕，IV

👉 ①生年／出身地　②研究の道に進んだきっかけ　③これから刑法各論を学ぶみなさんへメッセージ

目次

Chapter I — 生命・身体に対する罪　　1

Chapter II — 自由・名誉に対する罪　　15

Chapter

Ⅲ − 財産に対する罪　　31

Ⅳ ー 公共の安全に対する罪 103

本書の使い方

①
タイトル
この項目で学ぶことを示しています。

②
サブタイトル・事件名
この項目で取り上げた判例を指してよく使われる事件名がある場合には記載しています。

③
判例
この項目で取り上げる判例です。この場合、最高裁判所で平成10年11月25日に出された決定のことです。詳しくは、「凡例」（p.x）を参照してください。

④
出典
ここに掲げた書誌に、この項目で取り上げた判決文・決定文の全文が載っています。「出典」と呼ばれます。「刑集」などの略語については「凡例」（p.x）を参照してください。

事案
この事件のおおまかな内容です。

> どんな事案に対してどんな判断が示されたかを順番に確認することが大事！ まずは事案を丁寧に読んでみよう！

---

① **②**

37 背任罪における図利加害目的
平和相互銀行事件
最高裁平成10年11月25日決定（刑集52巻8号570頁）　　▶百選II-72

③ **④**

事案をみてみよう
　ゴルフ場の運営などを手がけるPクラブは、資金難に陥るおそれがあったことから、所有する土地を売却することにし、被告人Xに協力を依頼した。XはA銀行の監査役、顧問弁護士であったが、経営全般について強い発言力を持ち、銀行幹部らは、困難な問題があるとXの判断を仰ぐなど、Xに依存していた状況にあった。Pクラブは、A銀行とは、資本、人、業務等の面で強いつながりを持ち、Pクラブの倒産がA銀行の危機につながることもありうるような関係にあった。Xは、Q社およびR社を売却先とする話をとりまとめたが、両社より開発資金なども含めて88億円の融資を求められた。しかし、売却する土地の時価は約60億円にとどまり、これだけでは担保が大幅に不足することは明白で、しかもQ社とR社の資産状況などは良くないことなどから、A銀行の融資事務取扱要領等に違反すること、融資金の回収が困難になるおそれがあることは明らかであった。それにもかかわらず、XはA銀行の代表取締役Yらに働きかけて、融資を実行させた。

*1 より正確にいえば、特別背任罪（現在の会社法960条1項）の成立可能性が問題となった。取締役や監査役など、会社において重要な役職につく者による背任の規定であり、刑法247条よりも重い刑が定められている。

読み解きポイント
　本件では、Xに背任罪の共同正犯が成立するかが問題となった。Xが融資を実行させた動機には、A銀行（本人）の利益を図るという要素も含まれていたことから、Xが図利加害目的を有していたといえるかが争われた。この問題について、本決定はどのように判断しているか、この点に注意して読み解こう。

決定文を読んでみよう
　「被告人及びYらは、本件融資が、Pクラブに対し、遊休資産化していた土地を売却してその代金を直ちに入手できるようにするなどの利益を与えるとともに、Q社及びR社に対し、大幅な担保不足であるのに多額の融資を受けられるという利益を与えることになることを認識しつつ、あえて右融資を行うこととしたことが明らかである。そして、被告人及びYらには、本件融資に際し、Pクラブが募集していたレジャークラブ会員権の預り保証金の償還資金を同社に確保させることにより、ひいては、Pクラブと密接な関係にあるA銀行の利益を図るという動機があったにしても、右資金の確保のためにA銀行にとって極めて問題が大きい本件融資を行わなければならないという必要性、緊急性は認められないこと等にも照らすと、……それは融資

092

\Point/

読み解きポイント
以下の判決文・決定文を読むときにどのようなところに着目すればよいか、意識するとよいポイントを説明しています。

エンピツくん
性別：たぶん男子。
年齢：ヒミツ。
モットー：細く長く。
シャーペンくんをライバルと思っている。

判決文・決定文

ここが，裁判所が示した判断をまとめた部分です。全文は実際にはもっと長いものですが，ここでの学習に必要な部分を抜き書きしています。判決文・決定文の中でも，特に大事な部分に下線を引いて，「Point」マークを付けています。

判決文・決定文は，この事件について裁判所がどう判断したか，という部分。言い回しや言葉づかいが難しいところもあるけれど，がんばって読んでみよう！

の決定的な動機ではなく，本件融資は，主として右のようにPクラブ，Q社及びR社の利益を図る目的をもって行われたということができる。そうすると，被告人及びYらには，本件融資につき特別背任罪におけるいわゆる図利目的があったというに妨げなく，被告人につきYらとの共謀による同罪の成立が認められるというべきである」。

⇩ この決定が示したこと ⇩

本人の利益を図る動機を有していたとしても，主として第三者の利益を図る目的であった場合には，図利加害目的が認められることを示した。

 解説

Ⅰ．背任罪の故意と図利加害目的

図利加害目的については，背任罪の故意と内容的に重なる部分があることから，それがいかなるものなのかについて，議論の対象とされてきた。すなわち，殺人罪の故意が認められるためには，人を殺害する認識が必要なように，背任罪の故意が認められるためには，本人に財産的損害を発生させる認識が必要である。そうすると，背任罪の故意が認められるときには，条文に挙げられている3つの目的のうち，少なくとも本人加害目的が認められることになりかねないため，図利加害目的が故意とは別に要求されている意味を，どこに見出せばよいかが問題となるのである。

有力説は，行為者が任務に背く行為を行ったが，それは「本人の利益を図る目的」（本人図利目的）であった場合に，背任罪の成立を否定する趣旨を規定したものと理解する。つまり，条文に挙げられている3つの目的は，「本人図利目的がなかったこと」という要件を，遠回しに規定したものと解釈するわけである。これに対し，本件も含めて，判例がどのような立場に立っているかは明らかでない。しかし，いずれにせよ，本人図利目的の場合には，背任罪の成立を否定しており，本決定も，その可能性を検討したものということができる。その限りで，判例も有力説に近い立場であるといえる。

なお，「目的」の意味について，確定的認識または意欲を意味すると解釈する少数説もあるが，判例は，そこまでは必要としている。本件でも，「動機」という言葉を用いており，融資に至った「心理的な原因」という程度に解釈している。

Ⅱ．目的が複数ある場合

人間の心理面は決して単純ではなく，本人の利益を図る目的を有しながら，同時に，自己や第三者の利益を図る目的も有している場合もある。こうした場合について，本決定では，どれが主な目的であったのかを基準に判断すべきであるとした。Pクラブ，Q社およびR社の利益を図るのが主な目的であったことを理由に，図利加害目的が認められている。

---

*2
背任罪が成立するためには，犯人が①自己の利益を図る目的（自己図利目的），②第三者の利益を図る目的（第三者図利目的），または③本人に損害を加える目的（本人加害目的）を有している必要があるが，これら3つの目的をまとめて「図利加害目的」という。これら3つ全部を有している必要はないので，いずれかひとつの目的を有していれば，図利加害目的の要件は満たされる。

*3
Xは監査役なので，特別背任罪が適用されるようにみえるが，本件では，監査役の地位は無関係に融資に関与したと認定されている。したがって，罪名は特別背任罪だが，65条2項を適用して，背任罪（247条）の刑が科された。これは業務上横領罪（253条）で，業務者でない者が関与した場合に，罪名は業務上横領罪だが，横領罪（252条）の刑が科されるのと同じ処理がなされるといえる（業務上横領罪の共犯については，〔総論・判例45〕参照）。

*4
図利加害目的
　①自己図利目的
　②第三者図利目的
　③本人加害目的
──背任罪の故意

*5
大判大正3・10・16刑録20輯1867頁。

*6
最決昭和63・11・21刑集42巻9号1251頁。

この判決・決定が示したこと

ここまでに読んだ判決文・決定文が「結局何を言いたかったのか」「どんな判断をしたのか」を簡単にまとめています。〔読み解きポイント〕にも対応しています。

解説

用語や考え方，背景，関連事項など，この判例を理解するために必要なことを説明しています。

解説を読むと，この判例の意義や内容をより深く理解できるよ！

左右のスペースで，発展的な内容や知っていると役立つことを付け加えています。余裕があれば読んでいきましょう。そのほか，判決文・決定文の現代語訳を付けたところもあります。参考にしながら読んでみてください。

凡例

👉 判例について

略語

〔裁判所〕

大連判（決）········· 大審院連合部判決（決定）

大判（決）·········· 大審院判決（決定）

最大判（決）········· 最高裁判所大法廷判決（決定）

最判（決）·········· 最高裁判所判決（決定）

高判（決）·········· 高等裁判所判決（決定）

地判（決）·········· 地方裁判所判決（決定）

＊高等裁判所の支部での判決（決定）は「高」（高等裁判所）の後に「支判（決）」

〔判例集〕

刑録 ············· 大審院刑事判決録

刑集（民集）········· 大審院，最高裁判所刑事（民事）判例集

集刑 ············· 最高裁判所刑事裁判集

高刑集 ············ 高等裁判所刑事判例集

高刑裁特 ··········· 高等裁判所刑事裁判特報

高刑速 ············ 高等裁判所刑事裁判速報集

新聞 ············· 法律新聞

判タ ············· 判例タイムズ

判時 ············· 判例時報

表記の例

最高裁昭和 48 年 4 月 25 日大法廷判決（刑集 27 巻 3 号 418 頁）
最大判昭和 48・4・25 刑集 27 巻 3 号 418 頁

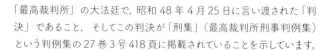

「最高裁判所」の大法廷で，昭和 48 年 4 月 25 日に言い渡された「判決」であること，そしてこの判決が「刑集」（最高裁判所刑事判例集）という判例集の 27 巻 3 号 418 頁に掲載されていることを示しています。

👉 法令名について

刑法については，原則として条文番号のみを引用し，その他の法令については，法令名または略称（有斐閣『ポケット六法』巻末の「法令名略語」による）を示しています。

👉 判決文・条文などの引用について

「 」で引用してある場合は，原則として原典どおりの表記としていますが，字体などの変更を行ったものや，濁点・句読点，ふりがな，下線，傍点などを補ったものがあります。引用の「 」内の〔 〕表記（小書き）は，著者による注であることを表します。

👉 その他

『刑法総論判例 50！』の引用は，「〔総論〕」と書名を示しました。また，有斐閣『刑法判例百選I 総論〔第 7 版〕』『刑法判例百選II 各論〔第 7 版〕』の引用は，「百選I-1」のように，巻の番号と項目番号のみを示しました。辞書による説明を引用する場合，三省堂『大辞林〔第 3 版〕』によりました。事案に現れる金額の現在価値を示すにあたっては，企業物価指数または消費者物価指数に基づく単純計算によりました。

Chapter

I

生命・身体に対する罪

人の生命は，法益のうち最も価値の高いものであり，人の身体は，これに次ぐ重要な法益である。そこで，刑法は，これらの法益を侵害する行為を，故意・過失を問わず，広く処罰している。誰でも知っている殺人罪のほか，自殺関与罪，傷害罪，傷害致死罪，暴行罪，過失傷害罪，過失致死罪などがこれにあたる。さらに，刑法は，これらの法益に危険をもたらす行為も処罰している。遺棄罪がその例である。

Chapter I では，これらの犯罪の成立が争われた判例のうち，重要なものをいくつか取り上げる。

Contents

Introduction

生命・身体に対する罪

 　人を殴ったり，殴ってけがを負わせたり，殴って死亡させたりすることは，もちろん犯罪だ。人の身体や生命という重要な法益を侵害する行為だからだ。もっとも，刑法は，これらの行為をひとまとめに犯罪としているわけではない。殴ることは暴行罪，殴ってけがを負わせるのは傷害罪，殴って死亡させるのは傷害致死罪または殺人罪というように，いろんな種類の犯罪に区別している。

　以下では，これら生命・身体を侵害する罪についてみていこう。

1．殺人罪・自殺関与罪

　生命に対する罪の典型は，殺人罪（199条）である。殺人罪は，人の生命を故意に侵害する罪である。人の生命を侵害しても，殺意がなければ，傷害致死罪（205条）や過失致死罪（210条）が成立しうるにとどまる。また，「人」は他人を意味するから，自分の生命を侵害する自殺は，殺人罪その他の犯罪として処罰されることはない。

　では，他人に自殺するようすすめたり，他人の自殺を手伝ったりするのはどうだろう。刑法は，このような行為を自殺関与罪（202条）として処罰している。では，さらに進んで，他人を無理やり自殺に追い込むのはどうだろう。そこまでいけば殺人罪ではないか。そもそも殺人罪と自殺関与罪はどのように区別されるのだろうか。この点が裁判で争われることは少なくない［→判例 **01**］。

2．暴行罪・傷害罪・傷害致死罪

　暴行罪（208条）は，人に暴行を加えたが，傷害するに至らなかったときに成立する。暴行の結果，傷害に至ったときは，傷害罪（204条）が成立する。

　暴行とは，こぶしで人を殴るなど，人の身体に対して物理的な力を加えることをいう。こぶしが相手の体にあたれば，もちろん暴行である。では，うまくかわされてあたらなかった場合はどうだろうか。これについて，判例は，あたらなくても暴行とされる場合があることを認めている［→判例 **02**］。

　傷害とは，判例によれば，人の生理的機能の障害をいう。切傷，打撲傷，火傷（やけど）などの外傷（けが）のほか，失神，嘔吐，中毒，病気の罹患（りかん）なども含まれる。一時的なストレスは傷害にあたらないが，心的外傷後ストレス障害（PTSD）や睡眠薬等による長時間の意識障害は傷害にあたる。

＊1
さしあたり「わざと」と理解しておけばよいが，厳密な意味については，［総論］Ⅳ-1参照。

（殺人）
199条　人を殺した者は，死刑又は無期若しくは5年以上の懲役に処する。

（自殺関与及び同意殺人）
202条　人を教唆し若しくは幇助して自殺させ，又は人をその嘱託を受け若しくはその承諾を得て殺した者は，6月以上7年以下の懲役又は禁錮に処する。

（暴行）
208条　暴行を加えた者が人を傷害するに至らなかったときは，2年以下の懲役若しくは30万円以下の罰金又は拘留若しくは科料に処する。

暴行の結果，傷害が発生すれば，前述のとおり，傷害罪が成立する。判例・通説によれば，傷害を負わせるつもり（傷害の故意）があろうがなかろうが，そうである。暴行罪の条文が「暴行を加えた者が人を傷害するに至らなかったとき」となっており，これは，傷害の故意がなくても，結果的に傷害に至ってしまえば，暴行罪ではなく傷害罪が成立するという意味に読めるからである。

傷害罪は，暴行以外の方法で人に傷害を負わせた場合にも成立する。ただし，暴行によらない傷害について傷害罪が成立するためには，傷害を生じさせた行為が傷害罪の実行行為といえること，傷害の故意があったことが必要である〔→判例 03〕。

傷害罪については同時傷害の特例があり（207条），その解釈が争われることがある〔→判例 04〕。

傷害が死亡結果へと至ったときは，傷害致死罪（205条）が成立する。もちろん，殺人の故意がなかったことが前提である。

> 両親が赤ちゃんを車に放置したままパチンコ店でパチンコをし，放置された赤ちゃんが死亡した事件を聞いたことはないだろうか。そして，この場合に保護責任者遺棄致死罪が成立することも，報道などで耳にしたことはないだろうか。刑法は，赤ちゃんなど，人の助けを必要とする人を放置するなどして，その生命や身体に危険を及ぼす行為を遺棄罪として処罰している。保護責任者遺棄致死罪は，その一種である。
>
> 以下では，遺棄罪についてみてみよう。

3. 遺棄罪

遺棄罪（217条）は，要扶助者（老年，幼年，身体障害または疾病のために扶助を必要とする者）を遺棄したときに成立する。遺棄には「捨てる」とか「放置する」という意味があるが，厳密な意味については争いがある。ただ，さしあたりは，放置する行為が遺棄にあたることを理解しておけば十分である。

保護責任者遺棄罪（218条）は，要扶助者を保護する責任のある者（保護責任者）が要扶助者を遺棄し，または要扶助者の生存に必要な保護をしなかった場合に成立する。これは，遺棄した者が保護責任者である場合を重く処罰するものであり，たとえば，エンピツくんの事例に出てくる赤ちゃんの両親が保護責任者にあたる。では，交通事故を起こした自動車の運転者は，事故の被害者との関係で保護責任者になるのだろうか。この点が裁判で争われることがある〔→判例 05〕。

保護責任者遺棄罪を犯し，よって人を死亡させた場合には，保護責任者遺棄致死罪（219条）が成立する。

（傷害）
204条 人の身体を傷害した者は，15年以下の懲役又は50万円以下の罰金に処する。

（同時傷害の特例）
207条 2人以上で暴行を加えて人を傷害した場合において，それぞれの暴行による傷害の軽重を知ることができず，又はその傷害を生じさせた者を知ることができないときは，共同して実行した者でなくても，共犯の例による。

（傷害致死）
205条 身体を傷害し，よって人を死亡させた者は，3年以上の有期懲役に処する。

（遺棄）
217条 老年，幼年，身体障害又は疾病のために扶助を必要とする者を遺棄した者は，1年以下の懲役に処する。

（保護責任者遺棄等）
218条 老年者，幼年者，身体障害者又は病者を保護する責任のある者がこれらの者を遺棄し，又はその生存に必要な保護をしなかったときは，3月以上5年以下の懲役に処する。

（遺棄等致死傷）
219条 前2条の罪を犯し，よって人を死傷させた者は，傷害の罪と比較して，重い刑により処断する。

01 自殺関与罪と殺人罪の限界

福岡高裁宮崎支部平成元年3月24日判決（高刑集42巻2号103頁） ▶ 百選Ⅱ-2

事案をみてみよう

　被告人Xは，高齢でひとり暮らしの女性Aから，盲信に等しい信頼を得て，多額の借金をしていたが，返済のめどが立たなかったことから，Aを自殺させることを企てた。Xは，Aが出資法違反の罪で刑務所に入ることになるなどと虚偽の事実を述べて脅迫するとともに，不安と恐怖におののくAを警察の追及から逃がすためという口実で連れ出して，17日間，各所を連れ回ったり自宅や空き家に1人で潜ませたりした。その間体力も気力も弱ったAに対し，Xは，近所の人にみつかるとすぐ警察に捕まるとか，警察に逮捕されれば身内の者に迷惑がかかるなどと申し向けて，知り合いや親戚との接触を断ち，もはやどこにも逃げ隠れする場がないという状況にあるとの錯誤に陥らせた上，身内に迷惑がかかるのを避けるためにも自殺するしかないとしつこくすすめてAを心理的に追いつめていった。犯行当日，Xは，警察の追及が間近に迫っていることを告げてAの恐怖心をあおる一方，唯一Aの頼るべき人としてふるまってきたXにも警察の捜査が及んでおり，もはやこれ以上守ってやることはできないと告げて突き放した上，Aが最後の隠れ家としてごくわずかな望みを託していた小屋もないことを確認させたすえ，これ以上逃れる方法はないと誤信させてAに自殺を決意させ，Aに自ら農薬を飲み込ませて死亡させた。

✓ 読み解きポイント

　自殺は犯罪ではないが，他人の自殺に関与すれば，自殺関与罪（202条前段）が成立する。自殺への関与とは，他人に自殺をそそのかす自殺教唆や，他人の自殺を手助けする自殺幇助のことである。本件の場合，Aは，Xにすすめられて自殺を決意し，自ら農薬を飲み込んで死亡したのであり，これだけをみれば，Xに自殺関与罪が成立するとも考えられる。しかし，Aが自殺を決意した経緯をみると，Aは，Xに嘘をつかれ，脅され，各所を連れ回されるなどして身体的・精神的に追いつめられて自殺を決意している。そこで，このような自殺の決意はAの真意によらない無効なものだとみて，殺人罪（199条）が成立すると考えることもできそうである。では，本判決は，どのように考えたのであろうか。

📖 判決文を読んでみよう

「自殺とは自殺者の自由な意思決定に基づいて自己の死の結果を生ぜしめるものであり，自殺の教唆は自殺者をして自殺の決意を生ぜしめる一切の行為をいい，その方

法は問わないと解されるものの，犯人によって自殺するに至らしめた場合，それが物理的強制によるものであるか心理的強制によるものであるかを問わず，それが自殺者の意思決定に重大な瑕疵[かし]*1を生ぜしめ，自殺者の自由な意思に基づくものと認められない場合には，もはや自殺教唆とはいえず，殺人に該当する」。「欺罔威迫[ぎもういはく]*2の結果，被害者Ａは，……錯誤に陥り，……被告人によって諸所を連れ回られ……るなどして，更に状況認識についての錯誤を重ねたすえ，……現状から逃れるためには自殺する以外途はないと誤信して，死を決したものであり，同女が自己の客観的状況について正しい認識を持つことができたならば，およそ自殺の決意をする事情にあったもの〔と〕は認められないのであるから，その自殺の決意は真意に添わない重大な瑕疵のある意思であるというべきであって，それが同女の自由な意思に基づくものとは到底いえない。したがって，被害者を右のように誤信させて自殺させた被告人の本件所為は，単なる自殺教唆行為に過ぎないものということは到底できないのであって，被害者の行為を利用した殺人行為に該当する」。

> **⇩ この判決が示したこと ⇩**
>
> Ａの自殺の決意は，Ｘの欺罔や威迫によって生じた，真意にそわない重大な瑕疵のある意思であるから無効であり，殺人罪が成立するとした。*3

 ## 解説

Ⅰ． 殺人と自殺関与の区別

自殺関与罪が成立するためには，自殺意思が有効なものであることが必要である。そうでなければ「自殺」に関与したとはいえないからである。そして，この点が特に問題となるのは，自殺意思が①強制により生じた場合と，②欺罔により生じた場合である。

判例によれば，①の場合，自殺以外の行為を選択することができない精神状態に追いつめれば，自殺意思は無効となり，自殺関与罪ではなく殺人罪が成立する。*4 ②の場合については，欺罔されなければ自殺意思が生じなかったであろうと認められるとき，それは真意にそわない重大な瑕疵ある意思であるとして無効とされ，殺人罪の成立が肯定される。*5

Ⅱ． 本件の場合

Ｘは，欺罔と威迫（強制）を併用してＡを死へと追いつめており，上に述べた判例の基準からすると，本件は，本判決が述べるとおり，自殺関与罪ではなく殺人罪が成立する事案であったといえる。本判決の結論は，学説からも，おおむね支持されている。

*1｜瑕疵
キズ，欠陥のこと。

*2｜欺罔，威迫
欺罔とは，人をだまして錯誤に陥れようとすること，威迫とは，人を脅して従わせようとすることをいう。

*3｜
本判決は，最終的に，強盗殺人罪（240条後段）の成立を認めた。Ｘは，Ａを殺して借金の返済を免れるという財産上の利益を得たといえるからである。強盗罪は，財産上の利益を得た場合にも成立する（236条2項。2項強盗罪という）が，これについては，〔判例22〕参照。

*4｜
最決平成16・1・20刑集58巻1号1頁（百選Ⅰ-73）参照。この最高裁決定は，自殺意思が生じた事案についてのものではないが，自らを死亡させる現実的危険性の高い行為以外の行為を選択することができない精神状態に陥らせたことを理由に殺人罪の成立を認めている。これと同じ立場から殺人罪の成立を肯定したものとして，神戸地判平成27・11・13判時2337号97頁がある。

*5｜
最判昭和33・11・21刑集12巻15号3519頁（〔総論・判例12〕，百選Ⅱ-1）。

暴行の意義

日本刀を振り回す行為

最高裁昭和39年1月28日決定（刑集18巻1号31頁）　　　▶ 百選Ⅱ-4

👓 事案をみてみよう

　被告人Ｘは，店舗を借り入れるための交渉がうまくいかず，交渉相手から「やくざ者には店を貸さない」と言われたのを聞き，気分がむしゃくしゃしたので，自宅の4畳半の部屋でやけ酒を飲み，ひどく酔っぱらっていた。そこへ内妻Ａが帰宅した。Ｘは，Ａに「自分の亭主が馬鹿にされたら，出刃包丁くらい持って文句をいってこい」と言った。するとＡが本気になって行きそうになり，Ｘが止めてもきかないので，Ｘは，Ａを思いとどまらせるためにその目の前で日本刀を抜いて振り回して脅そうと考え，Ａの目の前で日本刀の抜き身を数回振り回しているうちに力が入ってＡの腹に刀が突き刺さり，その結果Ａは失血死した。

　本件では，傷害致死罪（205条）が成立するかが争われた。

✓ 読み解きポイント

　Xは，日本刀をAに突き刺すつもりはなく，誤って突き刺したにすぎない。そこで，一見，傷害致死罪ではなく，重過失致死罪（211条後段）が成立するようにみえる。しかし，Xは，4畳半という狭い部屋においてAの目の前で日本刀の抜き身を振り回している。この行為が暴行にあたるとすると，Xは，この行為については認識しているので，暴行の故意はあることになる。そうすると，Xは，暴行の故意でAに暴行を加え，その結果Aに刀が突き刺さり，Aを死亡させたことになるので，Xに傷害致死罪が成立する。[*1]

　そこで，本件では，狭い部屋において人の目の前で刀を振り回す行為が暴行にあたるかが問題となる。暴行というと，人を殴る場面を想像すればわかるように，相手方の身体に直接触れる場合が典型である。これに対し，人の目の前で刀を振り回す行為は，危険ではあるが，刀を人の身体に接触させるものではない。では，このように人の身体に接触させない行為も，暴行に含めてよいのだろうか。

---

*1
傷害致死罪は，「身体を傷害し，よって人を死亡させた」場合に成立するが，判例・通説によれば，暴行を用いる場合は暴行の故意で足り，傷害の故意は不要である。詳しくはIntroduction（p.3）参照。

📖 決定文を読んでみよう

　「原判決が，判示のような事情のもとに，狭い4畳半の室内で被害者を脅かすために日本刀の抜き身を数回振り廻すが如きは，とりもなおさず同人に対する暴行というべきである旨判断したことは正当である」。

人の身体に接触させない行為も暴行にあたる場合があることを示した。

 解説

Ⅰ．身体的接触は必要か

　暴行という言葉は刑法のあちこちに出てくるが，その意味は場面によって異なる。[*2]本件で問題となった暴行は，暴行罪（208条），傷害罪（204条），傷害致死罪などで登場する暴行であり，それは，人の身体に対して物理的な力を加えることを意味する。[*3]

　では，人の身体に対して物理力を加えたといえるためには，物理力が人の身体に及んだこと，つまり身体的接触が必要であろうか。本件では，この点が問題となった。

Ⅱ．判例の立場

　判例は，身体的接触は不要であると解している。本決定は，このことを明らかにした一例である。下級審では，たとえば，被害者の数歩手前をねらって投石する行為，[*4]被害者めがけていすを投げつける行為，[*5]自動車による幅寄せ，追い越し，割り込み行為について，[*6]相手方の身体や車両に接触しなくても暴行にあたるとされている。もっとも，身体的接触が不要である理由を理論的に説明した裁判例は見当たらない。

　なお，これらの裁判例は，いずれも傷害の危険があった事案についての判断である。身体的接触も傷害の危険もないものまで暴行にあたるとされているわけではない。

Ⅲ．学説の状況

　多数説も，身体的接触は不要であると解している。暴行には傷害の未遂が含まれており，傷害の危険があれば，傷害の未遂として暴行にあたる，というのである。[*7]これによれば，本件の場合，Xの日本刀振り回し行為には傷害の危険があったといえるので，この行為は暴行にあたり，本決定と同様，傷害致死罪の成立が認められる。

　これに対し，身体的接触が必要であるとする見解も，少数説ながら有力である。これによれば，本件の場合，（重）過失致死罪が成立するにとどまる。しかし，この見解に対しては，身体的接触が必要だとすると，被害者がうまく避けた場合には暴行として処罰されないことになり，不合理ではないかという批判が向けられている。

Ⅳ．身体的接触はあるが傷害の危険がない場合

　では，身体的接触がある場合は，常に暴行にあたるのだろうか。この点が問題となるのは，身体的接触はあるが傷害の危険がない場合である。判例は，この場合も暴行にあたるとしており，たとえば，女性の毛髪を切断する行為，[*8]食塩を振りかける行為[*9]を暴行とした裁判例がある。学説には，身体的接触がある場合にも傷害の危険が必要であるとする見解があるが，そうだとすると，たとえば，傷害の危険のない毛髪の切断を暴行罪で処罰できなくなるという不都合が生じるため，少数説にとどまっている。

*2

たとえば，騒乱罪（106条）における暴行は，人に対する物理力の行使だけでなく，物に対するものを含み，公務執行妨害罪（95条）における暴行は，公務員に向けられていれば足り，直接その身体に向けられていなくてもよい。他方，強盗罪（236条）における暴行は，人の身体に向けられているだけでは足りず，その程度が相手方の反抗を抑圧するほど強度なものでなければならない。

*3

「人の身体に対する有形力の行使」と定義されることもあるが，暴行には，有形力の行使だけでなく，たとえば，耳元で太鼓を連打する場合のように，音という無形の物理力を用いる場合も含まれることから，学説では，物理力の行使と定義されることが多い。

*4

東京高判昭和25・6・10高刑集3巻2号222頁。

*5

仙台高判昭和30・12・8高刑裁特2巻24号1267頁。

*6

東京高判平成16・12・1判時1920号154頁。

*7

暴行罪の条文が「暴行を加えた者が人を傷害するに至らなかったとき」となっていることから，このように理解されている。

*8

大判明治45・6・20刑録18輯896頁。

*9

福岡高判昭和46・10・11判タ275号285頁。

事案をみてみよう

　被告人Xは，自宅の中で隣家に最も近い位置にある窓を開け，窓際とその付近に
ラジオや複数の目覚まし時計を置き，約1年半の間，隣家のAらに向けて，精神的
ストレスによる障害が生じるかもしれないことを認識しながら，連日連夜，ラジオの
音声や目覚まし時計のアラーム音を大音量で鳴らし続けるなどして（以下「本件行為」
という），Aに精神的ストレスを与え，よって，Aに全治不詳の慢性頭痛症，睡眠障害，
耳鳴り症の傷害を負わせた。

　本件では，傷害罪（204条）が成立するかが争われた。

*1 |
傷害の意義については，
Introduction（p.2）参
照。本件では，Aが負っ
た全治不詳の慢性頭痛
症などが傷害にあたるこ
とについては争われて
いない。

*2 |
暴行の意義については，
［判例02］参照。

☑ 読み解きポイント

　傷害罪は，典型的には，人に暴行を加えて傷害を負わせた場合に成立する。本
件でも，本件行為が暴行にあたるのであれば，XはAに暴行によりAに傷害を負わせ
たことになり，傷害罪が成立する。しかし，第1審の認定によれば，Xの発する騒音
の程度はAの身体に物理的な影響を与えるものとまではいえないため，本件行為
は暴行にあたらない。

　では，本件行為につき，傷害罪は成立しないのだろうか。

決定文を読んでみよう

　「以上のような事実関係の下において，被告人の行為が傷害罪の実行行為に当たる
として，同罪の成立を認めた原判断は正当である。」

⇩ この決定が示したこと ⇩

　本件行為は傷害の実行行為にあたるとして，暴行によらない傷害罪の成立を認め
た。

☝ 解説

Ⅰ．問題の所在

　傷害罪の条文をみると，「人の身体を傷害した」となっていて，その手段・方法に

制限がない。そのため，本件のように暴行以外の方法で傷害を負わせた場合（暴行によらない傷害の場合）であっても，その方法が傷害の実行行為にあたり，かつ，傷害の故意もある場合には，傷害罪（暴行によらない傷害罪）が成立すると考えられている。たとえば，無言電話・嫌がらせ電話により人をノイローゼにさせたような場合である。

　本件でも，本件行為が傷害の実行行為にあたり，かつ，Ｘに傷害の故意が認められるのであれば，傷害罪が成立する。

Ⅱ．暴行によらない傷害の実行行為

　実行行為とは，結果を生じさせる現実的危険性のある行為をいうから，傷害の実行行為とは，傷害を生じさせる現実的危険性のある行為と定義される。では，本件行為は，Ａに傷害を生じさせる現実的危険性のある行為であったといえるだろうか。

　この点につき，第1審は，本件行為の期間，時間帯，騒音の程度等に照らすと，本件行為はＡに精神的ストレスを生じさせ，慢性頭痛症等の傷害を生じさせる現実的危険性のある行為と評価できるとし，控訴審および本決定もこれを支持した。

　暴行によらない傷害の実行行為が認められたほかの事案としては，性病に罹患させた事案，嫌がらせ電話により加療3週間を要する精神衰弱症に陥らせた事案，連日のように被害者宅付近を徘徊して怒号，騒音等の嫌がらせをして入院加療3か月間を要する不安・抑うつ状態に陥れた事案，3年半の間に1万回以上の無言電話・嫌がらせ電話をかけ続けてPTSD（心的外傷後ストレス障害）を負わせた事案，1か月半の間に約2千回の無言電話をかけるなどして全治不明のPTSDを負わせた事案などがある。

Ⅲ．傷害の故意

　暴行以外の方法で傷害を負わせた場合，傷害罪が成立するためには，殺人罪の成立に殺人の故意が必要であるのと同様，傷害の故意が必要である。本件の場合，本件行為によりＡに傷害を生じさせることの認識がＸにあったといえなければならない。

　この点につき，第1審は，本件行為の態様や，Ｘが傷害の被疑事実で家宅捜索を受けてラジオや目覚まし時計を押収されたのに，新たに複数の目覚まし時計などを用意して，それまでと同じように騒音を発し続けていたことなどの事実から，Ｘは少なくともＡが精神的ストレスにより傷害を負う可能性があることを認識しつつ，あえて本件行為に及んだとして，傷害の未必の故意があったと認定し，控訴審もこれを支持した。

　本決定は，傷害の故意については何も述べていないが，暴行によらない傷害罪の成立を認めた控訴審の判断を正当としていることから，傷害の故意についても，第1審・控訴審と同様の判断をしたと考えられる。

*3｜
最判昭和27・6・6刑集6巻6号795頁。

*4｜
東京地判昭和54・8・10判時943号122頁。

*5｜
名古屋地判平成6・1・18判タ858号272頁。

*6｜
富山地判平成13・4・19判タ1081号291頁。

*7｜
東京地判平成16・4・20判時1877号154頁。

*8｜
傷害の故意がなければ，過失傷害罪（209条）が成立するにとどまる。なお，暴行による傷害の場合には，暴行の故意で足りる。Introduction（p.3）参照。

*9｜未必の故意
故意の一種であり，未必的故意ともいう。もしかすると結果が発生するかもしれないと認識しつつ，それでもかまわないと認容していた場合のことをいう（これに対し，確実に結果が発生すると認識していた場合を，確定的故意という）。

04 同時傷害の特例

最高裁平成28年3月24日決定（刑集70巻3号1頁）

事案をみてみよう

　被告人XとYが，共謀の上，Aに第1暴行を加えた後，被告人Zが，Xらとの共謀なしに，Aに第2暴行を加えた。Aは，急性硬膜下血腫（以下「同傷害」という）に基づく急性脳腫脹のため死亡した。第1暴行と第2暴行は，いずれも同傷害を発生させうるものであったが，同傷害が第1暴行と第2暴行のいずれによって生じたかは不明であった。ただし，仮に第1暴行ですでに同傷害が発生していたとしても，第2暴行は同傷害をさらに悪化させたと推認できるから，いずれにしてもZの第2暴行とAの死亡との間には因果関係が認められるとされた。[*1]

　第1審は，第2暴行とAの死亡との間の因果関係が認められる本件では，「死亡させた結果について，責任を負うべき者がいなくなる不都合を回避するための特例である同時傷害致死罪の規定（刑法207条）を適用する前提が欠ける」として，同時傷害の特例（207条）の適用を否定し，XとYに同傷害以外の傷害についての傷害罪（204条），Zに傷害致死罪（205条）が成立するとした。

　これに対し，控訴審は，第1暴行，第2暴行と同傷害との間の因果関係が不明である以上，同傷害に本特例が適用されてX，Y，Zに共同正犯が成立し，その結果，同傷害から生じたAの死亡について傷害致死罪の共同正犯が成立するとした。[*2]これに対し，被告人側が上告した。

☑ 読み解きポイント

　本件では，第1暴行と第2暴行に同時傷害の特例が適用されて，ZだけでなくXとYにも傷害致死罪が成立するかが争われた。

　本特例は，共同正犯の関係にない複数の者が暴行を加え，傷害が生じたが，その傷害がいずれの暴行により生じたか不明の場合，暴行を加えた者を共同正犯として扱うという規定である。これが適用されると，暴行を加えた者は，暴行と傷害との間の因果関係が不明であるにもかかわらず，傷害罪の責任を負う。[*3]

　では，本特例は，因果関係が不明な傷害が死亡結果へと至った，本件のような傷害致死の事案についても適用されるのだろうか。また，適用されるとして，いずれかの暴行（本件ではZの第2暴行）と死亡との間の因果関係が認められる場合であっても適用されるのだろうか。さらに，本特例の適用の前提として，暴行の程度などは問題とならないのだろうか。本決定は，Xら全員に傷害致死罪が成立しうるとして控訴審の判断を支持したが，これらの問題にどのように答えたのだろうか。

---

*1
死因となった同傷害を発生させたのは第1暴行か第2暴行かのいずれかであるが，第2暴行だったとした場合，第2暴行により同傷害が発生し，これによりAが死亡したといえるので，第2暴行とAの死亡との間の因果関係が認められる。また，同傷害を発生させたのが第1暴行だったとした場合も，同傷害を第2暴行が悪化させ，その結果Aが死亡したといえるので，第2暴行とAの死亡との間の因果関係が認められる。このように，いずれの場合であったとしても，第2暴行とAの死亡との間の因果関係が認められる。

*2
結果的加重犯（傷害致死罪のように，基本犯〔傷害罪〕から行為者の予期しない重い結果〔死亡〕が発生した場合を，ひとつの犯罪類型として重く処罰するもの）については，基本犯の共同正犯が成立すれば，それと因果関係のある重い結果についても共同正犯が成立すると解されている。

📖 決定文を読んでみよう

同時傷害の特例の「適用の前提として，⁽¹⁾検察官は，各暴行が当該傷害を生じさせ得る危険性を有するものであること及び各暴行が外形的には共同実行に等しいと評価できるような状況において行われたこと，すなわち，同一の機会に行われたものであることの証明を要するというべきであり，その証明がされた場合，各行為者は，自己の関与した暴行がその傷害を生じさせていないことを立証しない限り，傷害についての責任を免れない」。

「共犯関係にない二人以上による暴行によって傷害が生じ更に同傷害から死亡の結果が発生したという⁽²⁾傷害致死の事案において，刑法207条適用の前提となる前記の事実関係が証明された場合には，各行為者は，同条により，自己の関与した暴行が死因となった傷害を生じさせていないことを立証しない限り，当該傷害について責任を負い，更に同傷害を原因として発生した死亡の結果についても責任を負う……。このような事実関係が証明された場合においては，⁽³⁾本件のようにいずれかの暴行と死亡との間の因果関係が肯定されるときであっても，別異に解すべき理由はなく，同条の適用は妨げられない」。

> ### ⬇ この決定が示したこと ⬇
>
> 　同時傷害の特例の適用の前提として，検察官は，各暴行が，①問題となる傷害を生じさせうる危険性を有するものであることや，②同一の機会になされたものであることを証明しなければならないこと（Point-1），傷害致死の事案にも本特例の適用があること（Point-2），いずれかの暴行と死亡との間の因果関係が肯定される場合も同様に解されること（Point-3）を示した。

☝ 解説

Ⅰ. 本特例の適用条件と適用範囲

　本決定が示した本特例の適用条件①②（Point-1）は，下級審や通説の見解に従ったものであるが，最高裁で確認されたのは初めてである。傷害致死の事案にも本特例の^{*4}適用があるとした点（Point-2）は，すでに最高裁で示されていたことであるが，その^{*5}適用の論理を明らかにしたのは本決定が最初である。

Ⅱ. 死亡との間の因果関係が認められる場合

　本件の事案との関係で重要なのは，いずれかの暴行と死亡との間の因果関係が肯定される場合であっても本特例の適用があるとした点（Point-3）である。この問題については，第1審のように，本特例の趣旨は傷害とその延長線上にある死亡について誰も責任を負わなくなる不都合を回避することにあるとする立場があり，この見解からは，このような不都合が生じない本件については本特例の適用は否定されるべきことになる。しかし，本決定は控訴審と同じく，このような見解を否定した。

---

*3｜
犯罪（結果犯）の成立には実行行為と結果との間の因果関係が必要であり，これが認められない場合には犯罪は成立しない（［総論］Ⅱ-1参照）。しかし，個々の実行行為と結果との間の因果関係が不明な場合であっても，実行行為を行った複数の者に共同正犯が成立する場合には，その全員が共同正犯としてその結果についての責任を問われる（［総論］Ⅵ-1参照）。これに対し，本特例は，傷害罪については，共同正犯の成立が認められない（意思連絡がない）場合であっても，共同正犯として扱われる場合があることを認めるものである。これは，因果関係が不明な結果（傷害）についての責任を問う点で「疑わしきは被告人の利益に」という刑事責任の大原則の例外規定であり，国際的にもめずらしい。

*4｜
暴行の機会の同一性（適用条件②）を「外形的には共同実行に等しいと評価できるような状況」（共同正犯類似の外観）と定義した点も注目される。

*5｜
最判昭和26・9・20刑集5巻10号1937頁。ただし，学説では反対説も根強い。

交通事故と保護責任者遺棄罪

最高裁昭和34年7月24日判決（刑集13巻8号1163頁）

事案をみてみよう

　被告人Ｘは，自動車を運転していたところ，午後8時頃，過失により，前方を横断しようとした歩行者Ａに自車を接触させて重傷を負わせた。しかし，Ｘは，Ａを救護することなく，同日午後8時30分頃，歩行不能となったＡを自己の運転する自動車に乗せて現場を離れ，降雪中の薄暗い車道上まで運び，医者を呼んでくると嘘をついて，Ａを同所に放置したまま立ち去った。Ａは，死亡するには至らなかった。

☑ 読み解きポイント

　本件では，ＸがＡを別の場所に運び，そこに放置したまま立ち去った行為について，保護責任者遺棄罪（218条）が成立するかが争われた。本罪は，「老年者，幼年者，身体障害者又は病者」（要扶助者）を「保護する責任のある者」（保護責任者）が，これらの者を「遺棄」した場合に成立する。これらの要件のうち，重傷を負ったＡが「病者」にあたることは明らかである。問題は，Ｘが「保護責任者」にあたるか，また，Ｘの前記行為が「遺棄」にあたるかである。この2点につき，本判決は，どのような判断を下したのであろうか。

判決文を読んでみよう

Point

　「⑴車馬等の交通に因り人の殺傷があった場合には，当該車馬等の操縦者は，直ちに被害者の救護その他必要な措置を講ずる義務があり，これらの措置を終り且つ警察官の指示を受けてからでなければ車馬等の操縦を継続し又は現場を立去ることを許されないのであるから（道路交通取締法24条，同法施行令67条），本件の如く自動車の操縦中過失に因り通行人に自動車を接触させて同人を路上に顛倒せしめ，約3箇月の入院加療を要する……重傷を負わせ歩行不能に至らしめたときは，かかる自動車操縦者は⑵法令により『病者を保護す可き責任ある者』に該当する」。「⑶刑法218条にいう遺棄には単なる置去りをも包含す〔る〕と解すべく，本件の如く，自動車の操縦者が過失に因り通行人に前示のような歩行不能の重傷を負わしめながら道路交通取締法，同法施行令に定むる救護その他必要な措置を講ずることなく，被害者を自動車に乗せて事故現場を離れ，折柄降雪中の薄暗い車道上まで運び，医者を呼んで来てやる旨申欺いて被害者を自動車から下ろし，同人を同所に放置したまま自動車の操縦を継続して同所を立去ったときは，正に⑷『病者を遺棄したるとき』に該当する」。

⇩ **この判決が示したこと** ⇩

交通事故により人を負傷させた者は,道交法上の救護義務を負うことから,「保護責任者」にあたること(Point-1・2),また,保護責任者遺棄罪にいう「遺棄」には単なる置去りも含まれ,交通事故の負傷者を別の場所に運んで放置したまま立ち去る行為は「遺棄」にあたること(Point-3・4)を示し,Xに同罪が成立するとした。

解説

Ⅰ. 交通事故と犯罪

交通事故で人を死傷させた場合,過失があれば,過失運転致死傷罪(自動車運転致死傷5条)が成立する。さらに,負傷者を救護しなかった場合には,救護義務違反罪(道交72条1項前段・117条2項)も成立する。ひき逃げ事件では,多くの場合,これらの犯罪が成立する。他方,保護責任者遺棄罪の成立が争われることはめずらしい。

しかし,本件では,保護責任者遺棄罪も成立するか,具体的には,Xが「保護責任者」にあたるか,Xが病者Aを「遺棄」したかが争われた。

Ⅱ. 保護責任の発生根拠

どのような場合に保護責任が発生するかにつき,伝統的には,法令,契約,事務管理,慣習,先行行為などが発生根拠として挙げられてきた。本判決も,道交法上の救護義務という法令上の根拠から保護責任を認めている(Point-1・2)。

しかし,救護義務の違反は,道交法により独自に処罰されるのであり,道交法上の救護義務のみを理由に保護責任を認め,さらに保護責任者遺棄罪でも処罰することには問題があると指摘されている。また,保護責任は,本罪が単純遺棄罪(217条)よりも重く処罰される根拠となるものであることから,現在では,排他的支配が認められる場合に限定すべきであるとする見解が有力である。

Xは,Aを自動車に乗せて別の場所に運んでおり,Aに対する排他的支配を有していた。したがって,本件は,有力説からも,保護責任が認められる事案であった。

Ⅲ. ひき逃げと保護責任者遺棄罪

有力説は,ひき逃げに関する判例の立場とも調和する。ひき逃げの事案で保護責任者遺棄罪の成立が認められたのは,ほとんどが,本件のように,被害者をいったん車内に収容して排他的支配を及ぼした場合である。このような場合に限って本罪の成立が認められている(単なるひき逃げだけでは本罪は成立しない)ことに注意を要する。

Ⅳ. 遺棄の意義

保護責任者遺棄罪における「遺棄」の意義につき,通説は,「移置」(危険な場所に移すこと)と「置去り」(危険な場所に放置して立ち去ること)の両方を含むとしている。本判決は,この見解に立つことを示した(Point-3・4)。

---

*1 |
道交法(本件当時の道路交通取締法,現在の道路交通法)は,交通事故で人を負傷させた者に救護義務を課し,その違反者を処罰している。

*2 |
ただし,現在では,救護義務違反罪に加えて保護責任者遺棄罪の成立を認める実益は,被害者が死亡するに至った場合(219条)や道交法が適用されない場合を除き,ほとんどなくなっている。本件当時は,救護義務違反罪の法定刑よりも保護責任者遺棄罪の法定刑のほうが高かったので,重い保護責任者遺棄罪を適用することに意味があったが,現在では,救護義務違反罪の法定刑のほうが高くなっており,保護責任者遺棄罪を適用する必要がなくなったからである(保護責任者遺棄罪の法定刑が最高5年の懲役であるのに対し,救護義務違反罪の法定刑は最高10年の懲役となっている)。

*3 | 事務管理
法律上の義務がない者が他人のために他人の事務の管理を行うこと(民697条以下)。事務管理に基づく保護責任が認められた事案として,病人を自宅に引き取り同居させた事案(大判大正15・9・28刑集5巻387頁)がある。

*4 |
排他的支配が認められる場合(結果発生の防止を期待できる者が行為者のほかにいない場合),病者等の保護は行為者にしか期待できないので,行為者に保護責任があるといいやすい。なお,不作為犯における排他的支配につき,[総論]Ⅱ-2参照。

1. 自殺関与罪と殺人罪の限界

［判例 **01**］で学んだように，判例によれば，強制や欺罔により自殺意思を生じさせた場合，自殺意思は無効となることがあり，その場合には殺人罪（199条）が成立する。欺罔の例として，いわゆる偽装心中の事案に関する最判昭和 33・11・21 刑集 12 巻 15 号 3519 頁（［総論・判例 **12**］，百選Ⅱ-1）がある。本判決は，被告人が，被害者と心中する気がないのにあるかのように装い，心中すると信じていた被害者に毒を与え，これを飲んだ被害者が死亡した事案について，被害者の死の「決意は真意に添わない重大な瑕疵ある意思であ」り，殺人罪が成立するとした。

2. 胎児性致死傷（胎児傷害）

殺人罪や過失傷害罪（209条），過失致死罪（210条）など，人の生命・身体に対する罪は，「人」を客体とするから，人になる前の胎児は，これらの犯罪の客体ではない。しかし，胎児のときに公害や交通事故などで傷害を負い，出生して「人」になった後にその傷害が悪化し，さらに死に至る場合がある。これを胎児性致死傷といい，出生後の死傷の原因となる傷害を胎児の段階で生じさせた加害者に，出生した子に対する業務上過失致死傷罪（211条前段）や過失運転致死傷罪（自動車運転致死傷5条）などの人に対する罪が成立するかが問題となる。

最決昭和 63・2・29 刑集 42 巻 2 号 314 頁（百選Ⅱ-3）は，水俣病に起因する胎児性致死傷について，「胎児に病変を発生させることは，人である母体の一部に対するものとして，人に病変を発生させること」であるとして，業務上過失致死罪が成立するとした。また，下級審裁判例には，自動車を居眠り運転していた被告人が，対向直進してきた妊娠 7 か月の A が運転する自動車に衝突して A に傷害を負わせるとともに，この傷害を原因として早期に出生した B に対し脳室内出血等の傷害を負わせた事案について，最高裁の見解に従って，B に対する業務上過失傷害罪（現在の過失運転致傷罪）の成立を認めたものがある（鹿児島地判平成 15・9・2 LEX/DB 28095497）。

しかし，胎児を母体の一部とみることは，胎児を母体と区別して保護する自己堕胎罪（212条）の存在と矛盾すると考えられることから，最高裁の見解に対しては批判が強い。

3. 傷害の意義

傷害罪（204条）などにおける傷害の意義につき，判例は，これを人の生理的機能の障害と解している。これによれば，頭髪の切断は，生理的機能の障害を生じさせないため傷害にあたらず，暴行にとどまる（大判明治 45・6・20 刑録 18 輯 896 頁参照）。他方，生理的機能の障害が一定時間持続的に生じれば，傷害とされることがある。最決平成 24・1・30 刑集 66 巻 1 号 36 頁（百選Ⅱ-5）は，睡眠薬を摂取させて 6 時間または 2 時間にわたり意識障害および筋弛緩作用をともなう急性薬物中毒の症状を生じさせた事案について，傷害罪の成立を認めている。

4. 医師の保護責任

医師が妊婦の依頼を受けて行う堕胎は，業務上堕胎罪（214条）にあたる（ただし，一定の要件を満たす人工妊娠中絶は，母体保護法 14 条により正当化される）。では，堕胎して生まれた未熟児を医師が保護せずに死亡させた場合，さらに保護責任者遺棄致死罪（219条）も成立するか。胎児を死亡させるつもりで堕胎を行った医師に，生まれてきた子に対する保護責任を認めることができるかが問題となる。

最決昭和 63・1・19 刑集 42 巻 1 号 1 頁（百選Ⅱ-9）は，産婦人科医師である被告人が堕胎を行い，それにより出生した未熟児を保育器もない自己の医院内に放置したまま，生存に必要な処置をとらなかったため，この未熟児が死亡したという事案について，保護責任者遺棄致死罪の成立を認めた。本決定は，保護責任の根拠を明らかにしていないが，学説では，先行行為（堕胎）と排他的支配（自己の医院内での放置）に根拠を求めたものと理解されている。保護責任の根拠のひとつが排他的支配に求められる点で，本件は，［判例 **05**］の事案と共通する。

II

自由・名誉に対する罪

　個人の自由は，生命・身体に次ぐ重要な法益である。もっとも，たとえば，恋愛の自由を妨げる罪というものがないことからも明らかなように，刑法は，自由一般を広く保護しているわけではなく，特定の自由のみを保護している。

　刑法が保護する自由には，①意思決定ないし意思活動の自由があり，これを保護するのが脅迫罪，強要罪である。次に，②場所的移動の自由があり，逮捕・監禁罪，略取・誘拐・人身売買罪によって保護されている。さらに，③性的自己決定の自由も，強制わいせつ罪，強制性交等罪（かつての強姦罪を含む）によって保護されている。以上に加え，住居侵入罪も，④誰を住居に入れるかを決める自由を保護するものとして，また，業務妨害罪も，⑤業務を行う自由を保護するものとして，それぞれ自由に対する罪に位置づけることができる。**Chapter II** では，これらの罪のうち，監禁罪，未成年者略取罪，強制わいせつ罪，住居侵入罪，業務妨害罪に関する代表的な判例を取り上げる。

　また，刑法は，人の名誉を保護するために名誉毀損罪と侮辱罪を定めている。**Chapter II** では，名誉毀損罪に注目し，これについての判例も取り上げる。

Contents

Introduction

自由・名誉に対する罪

> 　Ｘは，Ａに好意を寄せていたが，相手にされないため，Ａをさらって自宅でキスをしようと考えた。ある日，Ｘは，Ａの家に侵入して無理やりＡを連れ出し，Ｘの自宅の一室に閉じ込め，嫌がるＡに無理やりキスをした。この場合，Ｘには住居侵入罪，わいせつ目的略取罪，監禁罪，強制わいせつ罪が成立する。これらはどれも自由に対する罪である。
>
> 　その後，Ｘは，なおＸを嫌うＡが憎くなり，インターネット上の掲示板に「Ａは10人もの男と付き合っている，ふしだらな女だ」などと書き込んだ。この行為には名誉毀損罪が成立する。
>
> 　以下では，自由に対する罪のいくつかと，名誉毀損罪についてみてみよう。

（逮捕及び監禁）
220条　不法に人を逮捕し，又は監禁した者は，3月以上7年以下の懲役に処する。

（未成年者略取及び誘拐）
224条　未成年者を略取し，又は誘拐した者は，3月以上7年以下の懲役に処する。

（営利目的等略取及び誘拐）
225条　営利，わいせつ，結婚又は生命若しくは身体に対する加害の目的で，人を略取し，又は誘拐した者は，1年以上10年以下の懲役に処する。

（身の代金目的略取等）
225条の2　① 近親者その他略取され又は誘拐された者の安否を憂慮する者の憂慮に乗じてその財物を交付させる目的で，人を略取し，又は誘拐した者は，無期又は3年以上の懲役に処する。
② 〔略〕

1. 監禁罪

　不法に人を監禁すれば，監禁罪（220条）が成立する。監禁とは，一定の場所から出られないようにして，場所的移動の自由を奪うことをいう。閉鎖空間に閉じ込める必要はなく，オートバイの後部荷台に乗せて高速で走行することも監禁にあたる。

　監禁は，暴行や脅迫を用いて無理やり行われることが多いが，相手をだまして自動車に乗せる場合のように，偽計により行われることもある。では，だまされた相手が閉じ込められていることに気づいていない場合にも，監禁罪は成立するのだろうか［→判例 06］。

2. 略取・誘拐罪

　エンピツくんの事例に出たわいせつ目的略取罪（225条）や，身の代金目的略取罪（225条の2）など，人をさらう犯罪は，まとめて略取・誘拐罪（拐取罪）と呼ばれる。これも，場所的移動の自由を保護する犯罪の一種である。

　略取・誘拐とは，人をその生活環境から離脱させ，自己または第三者の実力的支配下に移すことをいい，暴行または脅迫を手段とする場合が略取，欺罔または誘惑を手段とする場合が誘拐である。

　略取・誘拐罪にはいろいろな種類があるが，重要なもののひとつに未成年者略取・誘拐罪（224条）がある。最近，不仲の両親が未成年の子を奪い合うことが少なくない。中には，父（母）が母（父）の制止を振り切って母（父）の下で暮らす子を連れ去

る場合もある。このように親が子を無理やり連れ去った場合にも，未成年者略取罪は成立するのだろうか〔→判例 07〕。

3. 強制わいせつ罪

　性的自己決定の自由も，一定の範囲で保護されている。エンピツくんの事例にある強制わいせつ罪（176条）や，強姦罪が改正されてできた強制性交等罪（177条）などがある。

　強制わいせつ罪は，暴行または脅迫を用いてわいせつな行為をした場合に成立する。キスや痴漢行為などのわいせつな行為は，性的な意図をもって行われるのが通例である。では，もっぱら報復や侮辱の目的で女性を裸にする場合のように，性的な意図が全くない場合にも，強制わいせつ罪は成立するのだろうか〔→判例 08〕。

4. 住居侵入罪

　住居侵入罪（130条）は，人の住居に侵入した場合に成立する。判例によれば，その保護法益は，誰を住居などの建物に入れるかを決める自由（住居権，管理権）であり，ここにいう侵入とは，管理権者の意思に反する立入りをいう。どろぼうが戸建ての家やマンションの一室に忍び込むことが「侵入」にあたるのは明らかである。では，マンションの管理権者がマンション内でのビラの配布を禁じていた場合，ビラを配布するためにマンションの共用廊下などの共用部分に入る行為は「侵入」にあたるのだろうか〔→判例 09〕。

5. 業務妨害罪

　業務を妨害した場合に成立する業務妨害罪（233条以下）も，業務を行う自由を侵害する点で，自由に対する罪のひとつといえる。業務とは，職業その他社会生活上の地位に基づき継続して行う事務または事業をいうが，公務員の行う公務が「業務」に含まれるかについては争いがある〔→判例 10〕。

6. 名誉毀損罪

　名誉毀損罪（230条）は，人の名誉を保護する罪である。公然と事実を摘示し，人の名誉を毀損した場合に成立する。摘示された事実は，真実でなくてもよい。

　エンピツくんの事例のように人の名誉を毀損する事実をインターネット上の掲示板に書き込めば，不特定多数の人に広まるので，「公然と」事実を摘示したといえる。では，事実を摘示した相手が1人の場合，そこから多数の人に広まる可能性があったとしても，直接の相手が1人であることから「公然と」とはいえないとして，名誉毀損罪の成立は否定されるのだろうか〔→判例 11〕。

（強制わいせつ）
176条　13歳以上の者に対し，暴行又は脅迫を用いてわいせつな行為をした者は，6月以上10年以下の懲役に処する。13歳未満の者に対し，わいせつな行為をした者も，同様とする。

（強制性交等）
177条　13歳以上の者に対し，暴行又は脅迫を用いて性交，肛門性交又は口腔性交（以下「性交等」という。）をした者は，強制性交等の罪とし，5年以上の有期懲役に処する。13歳未満の者に対し，性交等をした者も，同様とする。

（住居侵入等）
130条　正当な理由がないのに，人の住居若しくは人の看守する邸宅，建造物若しくは艦船に侵入し，又は要求を受けたにもかかわらずこれらの場所から退去しなかった者は，3年以下の懲役又は10万円以下の罰金に処する。

（信用毀損及び業務妨害）
233条　虚偽の風説を流布し，又は偽計を用いて，人の信用を毀損し，又はその業務を妨害した者は，3年以下の懲役又は50万円以下の罰金に処する。

（威力業務妨害）
234条　威力を用いて人の業務を妨害した者も，前条の例による。

（名誉毀損）
230条①　公然と事実を摘示し，人の名誉を毀損した者は，その事実の有無にかかわらず，3年以下の懲役若しくは禁錮又は50万円以下の罰金に処する。
②　〔略〕

偽計による監禁

最高裁昭和33年3月19日決定（刑集12巻4号636頁）

＊1｜特殊飲食店
公娼制度廃止（1946年）から売春防止法施行（1957年）までの間にあった売春宿。

事案をみてみよう

特殊飲食店の接客婦としてXに雇われたAが，X方から逃げ出した。Xは，Aに戻るように言ったが，拒否されたので，Aの意思に反してでも連れ戻そうと考え，Aに対し，入院中のAの母親のところへ行くだけだと嘘をついて，Aを誤信させた。そして，①地点で，あらかじめX宅まで直行するように言い含めて雇ったBの運転するタクシーにAを乗せ，Xもこれに同乗してBに発車を命じた。その後，約12km走行した②地点で，AがXにだまされたことに気づき，Bに停車を求めたが，Xは，そのまま直行するように命じた。Aは，②地点から約150m離れた③地点で，減速走行中のタクシーから車外に逃げ出した。

✔ 読み解きポイント

Aは，①地点から③地点までの間，タクシーの車内に拘束されている。しかし，Aは，Xの暴行や脅迫によって無理やり乗車させられたわけではない。Aは，Xにだまされて，自ら乗車したのである。このように，だまされて，つまり偽計により拘束された場合にも，監禁罪（220条）が成立するのであろうか。

もうひとつの問題は，Aが拘束されていると気づいていない①地点から②地点までの間についても，本罪が成立するかである。監禁というと，出たくても出られない状態をイメージするが，Aは，この間，タクシーから降りたいと思っていたわけではない。むしろ，自分の意思でタクシーに乗っていたのである。それでも監禁罪が成立するのであろうか。第1審は，この間を含む，①地点から③地点までの全部について本罪が成立するとし，控訴審も，これを支持した。では，本決定は，どのように考えたのであろうか。

決定文を読んでみよう

「刑法220条……にいう『監禁』とは，人を一定の区域場所から脱出できないようにしてその自由を拘束することをいい，その方法は，必ずしも所論のように暴行又は脅迫による場合のみに限らず，⑴偽計によって被害者の錯誤を利用する場合をも含むものと解するを相当とする。されば，原判決が右と同旨に出で，⑵第1審……摘示の被告人の所為を……監禁罪に当たるとしたのはまことに正当である。」

＊2
たとえば，強盗罪（236条）の場合，条文に「暴行又は脅迫を用いて」と書かれていることから，その手段は暴行・脅迫に限られる。これに対し，監禁罪の条文には，このような文言はない。

＊3
最決昭和38・4・18刑集17巻3号248頁は，被害者が拘束の事実に気づいた後の拘束のみを監禁行為と認定したが，これは，検察官が監禁行為をそのように切り取って起訴したことに対する判断であり，また，監禁罪ではなく監禁致傷罪（221条）についての判断であることから，本決定の立場を変更するものではないと考えられる。本文中の下級審裁判例も，このような理解を前提にしているといってよい。

＊4
広島高判昭和51・9・21判時847号106頁。

＊5
東京高判平成11・9・1高刑速（平11）号92頁。

＊6
たとえば，部屋の外から鍵をかけ中の人が出られないようにし，翌日鍵を開けたが，その間，中の人はずっと寝ていたという場合，中の人は，鍵がかかっている間，いざ外へ出ようと思っても出られない状態にあったので，可能的自由が侵害されたといえるが，実際には一度も外へ出ようと思っていないので，現実的自由は侵害されていない。

⇩ この決定が示したこと ⇩

　偽計も監禁の手段に含まれるとした上で（Point-1），①地点から③地点までの全部について監禁罪が成立するとした（Point-2）。

 解説

Ⅰ．偽計を手段とする場合

　刑法220条は，文言上，監禁の手段を限定していない。そこで，一般に，監禁の手段には制限がなく，偽計も含まれると考えられている。本決定は，まず，この点を確認した（Point-1）。

Ⅱ．拘束されていることに気づいていない場合

　次に，本決定は，①地点から③地点までの全部について監禁罪が成立するとした第1審・控訴審の判断を是認した（Point-2）。このことから，本決定は，被害者が拘束されていると認識していない場合であっても監禁罪が成立するとの立場に立っているとみることができる。そして，これが現在の判例の立場であると考えられる。たとえば，下級審裁判例では，強姦の意図を秘して偽計により被害者を自動車に乗せ強姦の現場まで連行したが，被害者はそれまで強姦の意図に気づかず降車を求めなかったという事案や，被害者を部屋に誘い込み，そこでやせる薬と偽って睡眠薬を飲ませて眠らせ，外へ出られないようにした事案について，監禁罪の成立が認められている。

　これに対し，学説においては，見解が分かれている。対立の背景には，監禁罪の保護法益についての理解の相違がある。本罪の保護法益は，人の場所的移動の自由であるが，ここにいう自由をどのように解するかにより，見解が分かれるのである。すなわち，自由を，移動しようと思えばいつでも移動できる自由（可能的自由）であると広くとらえれば，被害者が拘束の事実に気づいていなくても，拘束の事実があれば（いざ移動しようと思っても移動できない状態にあるので）法益侵害が認められ，本罪が成立する。これに対し，自由とは，現実に移動しようと思ったときに移動できる自由（現実的自由）であると狭くとらえれば，拘束されていると気づいておらず，移動しようと思っていない間は，法益侵害がなく，本罪は成立しない。

　後者の見解によれば，本件の①地点から②地点までの拘束のほか，上に挙げた下級審の事案でも，監禁罪が成立しないことになる。これに対し，多数説は，前者の見解に立っており，判例の立場も，この見解から説明することができる。

親権者による未成年者略取

最高裁平成17年12月6日決定（刑集59巻10号1901頁）　　　　▶百選Ⅱ-12

*1｜親権・親権者

親権とは、父母が未成
年の子に対して有する
権利・義務の総称であり
（民818条以下）、監護
教育権（民820条）、居
所指定権（民821条）な
どがこれにあたる。親権
者とは、未成年の子に対
し親権を行う者をいう。
親権者は、親権の種類
によっては、子に対する
実力行使も一定の範囲
で認められる。

*2｜

それゆえ、別居中の夫婦
間での子の奪い合いが
（めずらしいことではな
いにもかかわらず）刑事
事件にまで発展すること
は少ない。そもそも家族
間の争いは、本来、家族
の話合いや家庭裁判所
の調停手続などで解決
されるべきことであり、家
族の一方を犯罪者とし
て処罰すればうまく解決
するという筋合いのもの
ではないという事情もあ
る。なお、この点は、刑の
重さを決めるときに考慮
されることもある。たとえ
ば、祖父母による未成年
者の誘拐につき、控訴審
の実刑判決を破棄し、執
行猶予を付したものとし
て、最判平成18・10・12
判タ1225号227頁があ
る。

☝ 事案をみてみよう

　東京都に住む被告人Ｘは，別居中の妻Ａが青森県で養育している長男Ｂ（当時２歳）と会うこともままならないことから，ＢをＡの下から奪い，自分の支配下で監護養育しようと企てた。Ｘは，東京から青森に赴き，Ｂが通う保育園の南側歩道上において，Ｂを迎えに来たＡの母Ｃ（Ｂの祖母）のすきをついてＢを抱きかかえて，近くに停車していたＸの自動車に同乗させた上，Ｃが同車の運転席のドアノブをつかんで開けようとしたり，窓ガラスを手でたたいたりして制止するのを振りきって，同車を発進させてＢを連れ去り，自分の支配下に置いた。なお，ＸとＡとは離婚係争中であったが，本件当時，Ｂに対するＸの親権[*1]を制約するような法的処分は行われていなかった。

☑ 読み解きポイント

　Ｘは，未成年者略取罪（224条）に問われた。本罪は，未成年者を略取した場合に成立する。略取とは，暴行・脅迫を手段として，人をその生活環境から引き離し，自己または第三者の事実的支配下に置くことをいう。Ｘは，未成年者Ｂに対して物理力（有形力）を用いて，つまり暴行を手段として，Ｂをその生活環境から引き離し，自己の事実的支配下に置いたのであるから，一見すると，本罪が成立するのは当然のようにみえる。

　しかし，ＸはＢの父であり，親権者である。Ｂに会いたい，Ｂを育てたいと思うのは自然な感情であり，このような親子の情愛から出た行為を犯罪として処罰してよいかは，慎重に検討されるべき問題である。[*2]では，Ｘが親権者であることは，本罪の構成要件該当性や違法性の判断で考慮されるのだろうか。考慮されるとして，どのように考慮されるのだろうか。

📖 決定文を読んでみよう

　「被告人は，Ｂの共同親権者の１人であるＡの実家においてＡ及びその両親に監護養育されて平穏に生活していたＢを，祖母のＣに伴われて保育園から帰宅する途中に前記のような態様で有形力を用いて連れ去り，保護されている環境から引き離して自分の事実的支配下に置いたのであるから，(1) その行為が未成年者略取罪の構成要件に該当することは明らかであり，被告人が親権者の１人であることは，その行為の違法性が例外的に阻却されるかどうかの判断において考慮されるべき事情であると

Point

解される」。「被告人は，離婚係争中の他方親権者であるAの下からBを奪取して自分の手元に置こうとしたものであって，そのような行動に出ることにつき，Bの監護養育上それが現に必要とされるような特段の事情は認められないから，⁽²⁾その行為は，親権者によるものであるとしても，正当なものということはできない。また，本件の行為態様が粗暴で強引なものであること，Bが自分の生活環境についての判断・選択の能力が備わっていない2歳の幼児であること，その年齢上，常時監護養育が必要とされるのに，略取後の監護養育について確たる見通しがあったとも認め難いことなどに徴すると，⁽³⁾家族間における行為として社会通念上許容され得る枠内にとどまるものと評することもできない。以上によれば，本件行為につき，違法性が阻却されるべき事情は認められないのであり，未成年者略取罪の成立を認めた原判断は，正当である。」

> ⇩ **この決定が示したこと** ⇩
>
> Xが親権者であることは違法性の段階で考慮される（Point-1）とした上で，Xの行為は正当な親権の行使とはいえず（Point-2），また，家族間における行為として社会通念上許容されうる枠内にとどまるものともいえない（Point-3）として，違法性の阻却を認めず，未成年者略取罪が成立するとした。*3

 ## 解説

Ⅰ．親権者による未成年者略取の判断枠組み

本決定の判断の大枠は，未成年者の親権者であっても，未成年者を略取すれば，その行為は未成年者略取罪の構成要件に該当し*4，親権者であることは，違法性の段階で考慮される，というものである。この枠組みは，本決定の前に出た最高裁決定*5で示されていたものであり，本決定は，これに従ったものである。

Ⅱ．違法性の判断

本決定の意義は，違法性の段階における判断枠組みを具体化した点，すなわち，①正当な親権の行使といえる場合，または，②家族間における行為として社会通念上許容できる枠内にとどまる場合には，違法性が阻却されることを示した点にある。①は，親権者の権利行使，つまり正当行為（35条）*6としての違法性阻却について，②は，実質的違法性の阻却*7について述べたものと解される。

本決定は，Xの行為につき，Bの監護養育上それが現に必要とされるような特段の事情*8は認められないことから，①にあたらないとした。これは，このような特段の事情がある場合には，権利行使として違法性が阻却されうることを認めたものといえる。

②につき，本決定は，Xの行為態様，Bの年齢，判断・選択能力，監護養育の必要性とその見通し等の事情を考慮し，Xの行為は②にあたらないとした。これらの考慮事情は，類似の事例において参考になるが，本決定は，あくまで本件事案についての個別具体的な判断であるから，考慮事情がこれらに限定されるわけではない。

*3
なお，本決定には，違法性の阻却を認めて本罪の成立を否定すべきだとする反対意見がついている。最高裁の裁判官の間でも意見が分かれるほど微妙な事案であったことがわかる。反対意見に興味のある人は，原文にあたってみよう。

*4
この点につき，本件の控訴審は，「刑法224条は，その主体を限定しておらず，また，同条にいう略取とは，暴行，脅迫により，人をその保護環境から切り離し，不法に自己または第三者の実力支配下に置くことをいうのであるから，親権者であるが故に，事情の如何にかかわらず，当然に，その子について未成年者略取罪の主体になり得ないとか，略取をしても不法性を欠くとはいえない」と説明している。

*5
最決平成15・3・18刑集57巻3号371頁。

*6｜正当行為（35条）
「法令又は正当な業務による行為は，罰しない。」

*7
実質的違法性の阻却とは，正当行為や正当防衛（36条）などの違法性阻却事由がなくても，「当該行為の具体的状況その他諸般の事情を考慮に入れ，それが法秩序全体の見地から許容されるべきものである」場合には，違法性が阻却されるという意味である（最大判昭48・4・25刑集27巻3号418頁参照。〔総論〕Ⅲ-1参照）。

*8
「特段の事情」とは，たとえば，子の健康が著しく損なわれているとか，満足な義務教育が受けられないなどの事情をいう。

強制わいせつ罪における性的意図の要否

最高裁昭和45年1月29日判決（刑集24巻1号1頁）　　　　　▶百選Ⅱ-14

事案をみてみよう

　被告人Xは，内妻がA女の手引により逃げたものと信じ，これを問いつめるために，アパート内の自室にAを呼び出し，内妻とともにAに対し「よくも俺をだましたな，俺は何もかも捨ててあんたに仕返しに来た。硫酸もある。お前の顔に硫酸をかければ醜くなる」などと申し向けるなどして，約2時間にわたりAを脅迫し，Aが許しを請うのに対し，Aの裸体写真を撮ってその仕返しをしようと考え，「5分間裸で立っておれ」と申し向け，怖がるAを裸体にさせて，これを写真撮影した。

　本件では，Xに強制わいせつ罪（176条前段）が成立するか，特に本罪の成立に性的意図が必要か否かが争われた。

　第1審は，強制わいせつ罪の保護法益は性的自由であり，本罪はその侵害を処罰する趣旨であるから，性的意図は必要ではなく，報復や侮辱の目的でなされても本罪が成立するとして，Xの行為につき本罪の成立を認めた。控訴審も，これを支持した。

＊1｜わいせつの意義

判例によれば，「わいせつ」とは，「いたずらに性欲を興奮または刺激せしめ，かつ普通人の正常な性的羞恥心を害し，善良な性的道義観念に反するもの」をいう（175条のわいせつ物頒布等罪につき，最判昭和26・5・10刑集5巻6号1026頁参照）。「いたずらに性欲を興奮または刺激」されるのは，犯人である。

＊2｜

ただし，強要罪（223条）は成立しうる。

✓　読み解きポイント

　Aは，Xに脅されて裸にさせられ，恥ずかしい目にあったのだから，Aの性的羞恥心が害されたことは明らかである。また，そのことはXも認識していたはずであり，本罪の故意も認められる。Aの立場からすれば，これに加えてXが性的意図を持っていたかはどうでもよく，強制わいせつ罪で処罰してほしいであろう。そもそも本罪の保護法益は性的自由であり，そうである以上，第1審がいうように，性的自由の侵害を理由に本罪で処罰できそうである。

　しかし，本罪の行為は「わいせつな行為」である。そして，判例の「わいせつ」の定義には，犯人が性欲を興奮または刺激されるという要素が含まれている。[＊1]だとすれば，「わいせつな行為」といえるためには，犯人が性欲を興奮または刺激されるような性的意図を持っていることが必要だと考えることもできる。そう考えると，性的意図を持っていたかが明らかでないXには，本罪が成立しないことになる。[＊2]

　では，本判決は，いずれの立場に立ったのだろうか。

📖　判決文を読んでみよう

Point

　「刑法176条前段のいわゆる強制わいせつ罪が成立するためには，その行為が犯人の性欲を刺戟興奮させまたは満足させるという性的意図のもとに行なわれることを要し，婦女を脅迫し裸にして撮影する行為であっても，これが専らその婦女に報復し，

または，これを侮辱し，虐待する目的に出たときは，強要罪その他の罪を構成するのは格別，強制わいせつの罪は成立しないものというべきである。」

⇩ **この判決が示したこと** ⇩

強制わいせつ罪の成立には性的意図が必要であることを示した。

 解説

Ⅰ．本判決の意義と判例の立場

　強制わいせつ罪の成立に性的意図が必要かについては争いがあるところ，本判決は，必要説に立つことを明らかにした。そして，本判決以後の下級審は，本罪の成立に性的意図を要求している。

　しかし，性的意図を否定して強要罪の成立を認めたものは見当たらない。また，下級審の中には，被害者を無理やり裸にして写真撮影したという本件類似の事案について，わいせつ行為の認識があったことを理由にわいせつの意図を認定し，本罪の成立を認めたものがある。[*3]それは，性的意図をわいせつ行為の認識，つまり本罪の故意に置きかえ，性的意図を不要としたものとみることができる。

　したがって，判例は，一般論としては必要説に立っているといえるが，実際に必要説を維持しているかは必ずしも明らかでないといえよう。[*4]

Ⅱ．必要説と不要説

　強制わいせつ罪の成立に性的意図を要求する必要説は，たとえば，治療行為とわいせつ行為を区別するために性的意図が必要であるとする。たしかに，医師の治療行為によって患者が性的羞恥心を害されることはあるかもしれないが，性的意図なく適切な治療行為を行ったのであれば，本罪の成立を認めるべきではないであろう。[*5]

　これに対し，現在は不要説が多数を占めている。性的意図は本罪の保護法益である性的自由の侵害とは無関係であり，このような法益侵害と無関係の要素を要求することには根拠がないというのが，その理由である。本判決の第1審・控訴審は，この見解に立っていた。これによれば，客観的に「わいせつな行為」がなされ，これについての認識，つまり本罪の故意があれば，性的意図の有無にかかわらず，本罪が成立することになる。医師の適切な治療行為については，たとえば，違法性阻却の段階で正当業務行為（35条）にあたるとみて，本罪は成立しないと説明することになろう。

Ⅲ．本件について

　本判決は，Ｘに性的意図がなかったかを審理すべきだとして，本件を原審に差し戻している。性的意図は他の意図と併存していてもよく，Ｘにも報復や侮辱の目的のほかに性的意図が併存していた可能性がある。性的意図が併存していたとすれば，必要説の立場からも，Ｘに強制わいせつ罪が成立する。

*3｜
東京地判昭和62・9・16判タ670号254頁。

*4｜
その後，本書刊行の直前に，最高裁は判例を変更し，一般論としても不要説に立つことを明らかにした（最大判平成29・11・29刑集71巻9号467頁）。ただし，わいせつな行為にあたるか否かの判断の際に個別具体的な事情のひとつとして性的意図を考慮すべき場合がありうることは否定していない。

*5｜
裁判例にも，臨床検査技師による腹部超音波検査について，わいせつ目的を認定できないとして準強制わいせつ罪（178条1項）の成立を否定し，無罪としたものがある（京都地判平成18・12・18裁判所HP）。

ビラ配布目的での集合住宅内への立入り

亀有マンション事件

最高裁平成21年11月30日判決（刑集63巻9号1765頁）　▶ 百選 II -17

 ## 事案をみてみよう

　被告人Xは，政党のビラを配布するため，午後2時20分頃，民間の分譲マンションの玄関出入口を開けて玄関ホールに入り，さらに玄関ホール奥のドアを開け，1階廊下を経て，エレベーターで7階に上がり，各住戸のドアポストにビラを投かんしながら3階に至ったところを，住人に声をかけられて，ビラの投かんを中止した（以下，この本件マンションの廊下等共用部分に立ち入った行為を「本件立入り行為」という）。

　本件マンションは，地上7階，地下1階建ての鉄筋コンクリート造りの分譲マンションで，1階に店舗等，2階以上に40戸の住宅がある。1階玄関ホールには掲示板，集合ポスト，管理人室の窓口があり，掲示板には，本件マンションの管理組合名義で「チラシ・パンフレット等広告の投函は固く禁じます。」と記載されたはり紙と，同管理組合名義で「当マンションの敷地内に立ち入り，パンフレットの投函，物品販売などを行うことは厳禁です。工事施行，集金などのために訪問先が特定している業者の方は，必ず管理人室で『入退館記録簿』に記帳の上，入館（退館）願います。」と記載されたはり紙が，よく目立つ位置に貼られていた。また，同管理組合理事会は，チラシ，ビラ，パンフレット類の配布のための立入りに関し，葛飾区の公報に限って集合ポストへの投かんを認める一方，それ以外については集合ポストへの投かんを含めて禁止する旨決定していた。

☑ 読み解きポイント

　本件では，本件立入り行為について住居侵入罪（130条前段）が成立するかが争われた。本罪は，「人の住居」もしくは「人の看守する邸宅」等に「侵入」した場合に成立する。Xが立ち入った廊下等の共用部分が「住居」または「邸宅」にあたることは明らかである。問題は，本件立入り行為が「侵入」にあたるかである。判例によれば，「侵入」とは，管理権者の意思に反する立入りをいう。本件では，廊下等の共用部分の管理権者である管理組合の意思に反する立入りであったかが問題となる。さらに，本件立入り行為は，政治ビラの配布であることから，表現の自由の行使として違法性が阻却されないかも問題となる。この2点に注目して，本判決を読み解こう。

📖 判決文を読んでみよう

「本件マンションの構造及び管理状況，玄関ホール内の状況，上記はり紙の記載内

---

*1 ｜ 管理組合

分譲マンションの所有者（区分所有者）の全員で構成する，建物・敷地・付属施設の管理を行うための団体（建物の区分所有等に関する法律3条）。マンションの廊下等の共用部分の管理も行う。

*2 ｜

ビラ配布目的での集合住宅内への立入りが問題となった他の事案として，自衛隊立川宿舎事件（最判平成20・4・11刑集62巻5号1217頁）がある。

*3 ｜

条文の「正当な理由がないのに」の部分は，通説によれば，違法性阻却事由がないことを意味する。

*4 ｜

「住居」とは，日常の起臥寝食（寝起きと食事）の場所をいい，「邸宅」とは，居住用の建造物で，住居以外のものをいう。廊下等の共用部分は，起臥寝食の場所ではないので，「邸宅」のように思われるが，住宅部分の一部とみて「住居」と解することも可能である。この点につき，本件第1審，控訴審は，本件マンションの共用部分を「住居」と解したが，本判決は，どちらにあたるかを明らかにしなかった。

024

容，本件立入りの目的などからみて，⑴本件立入り行為が本件管理組合の意思に反するものであることは明らかであり，被告人もこれを認識していたものと認められる。そして，本件マンションは分譲マンションであり，本件立入り行為の態様は玄関内東側ドアを開けて 7 階から 3 階までの本件マンションの廊下等に立ち入ったというものであることなどに照らすと，⑵法益侵害の程度が極めて軽微なものであったということはできず，他に犯罪の成立を阻却すべき事情は認められないから，本件立入り行為について刑法 130 条前段の罪が成立するというべきである。」

⇩ この判決が示したこと ⇩

本件立入り行為は，本件マンションの管理組合の意思に反するものであるため「侵入」にあたり（Point-1），その違法性を阻却する事情もないことから（Point-2），本件立入り行為について刑法130条前段の罪が成立するとした。

解説

Ⅰ．「侵入」の判断

「侵入」，すなわち管理権者の意思に反する立入りかどうかを判断するにあたり，最高裁昭和 58 年判決*6は，「建造物の性質，使用目的，管理状況，管理権者の態度，立入りの目的など」を考慮すべきであるとした。本判決は，「本件マンションの構造及び管理状況，玄関ホール内の状況，……はり紙の記載内容，本件立入りの目的など」を考慮しており，昭和 58 年判決をふまえたものといえる。

本判決は，本件立入り行為は管理組合の意思に反するものであり，「侵入」にあたるとした（Point-1）。この判断においては，特に，本件マンションの管理組合理事会が，ビラ配布目的の立入りに関し，葛飾区の公報に限って集合ポストへの投かんを認め，それ以外のビラ等の投かんを禁止していた点が重視されたと考えられる。

Ⅱ．違法性阻却の判断

本件立入り行為が住居侵入罪の構成要件に該当するとしても，次に，表現の自由の行使であることを理由に違法性が阻却されないかが問題となるが，本判決は，違法性の阻却を認めなかった（Point-2）。侵入行為の違法性（法益侵害）の程度がきわめて軽微であれば，可罰的違法性（処罰に値する違法性）がないとして違法性が阻却される余地があるが*7，本判決は，表現の自由の行使としての側面を考慮したとしても，本件立入り行為の態様などに照らし，その違法性（管理権の侵害および私生活の平穏の侵害）の程度はきわめて軽微なものであったとはいえないと判断したと考えられる。

*5｜
分譲マンションの共用部分の管理は，管理組合の最高意思決定機関である集会の決議で決することとされているので（建物の区分所有等に関する法律18条），共用部分の管理権者は，管理組合である。なお，マンション内の個別の住人の意思がどうであったかも問題となりうるが，本件は，本件立入り行為について個別の住人の承諾があった事案ではない。そのため，本判決は，本文にあるように，管理組合の意思のみを問題にしたと考えられる。

*6｜
最判昭和58・4・8刑集37巻3号215頁（百選Ⅱ-16）。

*7｜
最大判昭和48・4・25刑集27巻3号418頁（百選Ⅰ-16）参照。

*8｜
なお，本件では，Xを処罰することが表現の自由を保障する憲法21条に違反しないかも争われ，本判決は，同条に違反しないと判断したが，この部分は省略する（省略部分については，百選Ⅱ-17参照）。

🔍 事案をみてみよう

　被告人Xは，町役場において町長選挙の立候補者を届け出る際，受付順位を決定するためのくじの方法の変更を執拗に要求し，怒号するなどして，くじを引こうとせず，受付順位決定まで3時間30分を費やさせた。その後も，立候補届出の必要書類の記載を故意に遅らせるなどにより，第1順位の候補者の届出受理まで約3時間40分を費やさせ，同選挙の選挙長が行う立候補届出受理の手続を著しく遅延させた。

✅ 読み解きポイント

　Xは，威力と偽計を用いて立候補届出受理事務を妨害し，業務妨害罪（233条・234条）に問われたが，この事務が同罪の「業務」にあたるかが争われた。[*1]

　選挙長の行う立候補届出受理事務が「業務」にあたるのは当然のようにも思える。それなのに，なぜ争われたのか。それは，この事務が公務だからである。すなわち，公務は，公務執行妨害罪（95条1項）で保護される。そのため，これを「業務」として業務妨害罪で保護する必要はないと考えることもできる。しかし，公務執行妨害罪の成立は暴行または脅迫を用いた場合に限られており，これらにあたらない威力や偽計を用いた場合には同罪で保護することができない。そこで，公務を「業務」に含めて業務妨害罪で保護する必要があると考えることもできる。こうして，公務は「業務」に含まれるのか，含まれるとして，どのような公務が「業務」に含まれるのかが問題となるのである。

　本決定は，選挙長の立候補届出受理事務は「業務」にあたるとした。その理由に注目しながら，本決定を読み解こう。

[*1]
業務妨害罪は，威力や偽計を用いて業務を妨害した場合に成立する。威力とは，人の意思を制圧するに足る勢力をいい，暴行・脅迫にあたらないもの，たとえば，大勢の力を誇示することなども含む。偽計とは，人を欺罔・誘惑し，または人の錯誤・不知を利用する手段をいう。業務とは，人が社会生活上の地位に基づいて継続して行う事務一般をいう。

📖 決定文を読んでみよう

　「本件において妨害の対象となった職務は，公職選挙法上の選挙長の立候補届出受理事務であり，右事務は，<u>強制力を行使する権力的公務ではないから</u>，右事務が刑法……233条，234条にいう『業務』に当たるとした原判断は，正当である」。

⬇ この決定が示したこと ⬇

　強制力を行使する権力的公務は業務妨害罪の「業務」にあたらないが，それ以外の公務は本罪の「業務」にあたるとする見解に立って，選挙長の立候補届出受理事務

は本罪の「業務」にあたるとした。また，この見解が威力業務妨害罪（234条）だけでなく偽計業務妨害罪（233条）にも妥当することを明らかにした。

 ## 解説

Ⅰ. 判例の見解

　公務が業務妨害罪の「業務」に含まれるかにつき，現在の判例は，公務のうち「強制力を行使する権力的公務」以外の公務は「業務」に含まれるとしている。[*2]

　この見解によれば，「強制力を行使する権力的公務」は「業務」にあたらず，その妨害に業務妨害罪は適用されないが，それ以外の公務については業務妨害罪の適用があることになる。たとえば，警察官による被疑者の逮捕は「強制力を行使する権力的公務」なので「業務」に含まれず，その妨害は業務妨害罪にあたらないが，権力的公務とはいえない市役所の窓口業務や，権力的公務ではあるが「強制力を行使する」ものではない国会の議事などは，「強制力を行使する権力的公務」ではないので「業務」にあたり，その妨害には業務妨害罪が適用されうる。

　この見解は，「強制力を行使する権力的公務」については，強制力を行使して妨害を排除することができるため，業務妨害罪で保護する必要がないとするものである。このような理解によれば，反対に，強制力を行使しない公務については，強制力による妨害排除ができないので，「業務」として保護する必要があるということになる。

Ⅱ. 本決定の意義

　ここで疑問が生じる。強制力による妨害排除ができない場合には業務妨害罪で保護する必要があるとするならば，偽計業務妨害罪については，「強制力を行使する権力的公務」を含め，公務はすべて「業務」として保護されるべきではないかという疑問である。なぜなら，強制力は，偽計に対しては無力ともいえるからである。[*3]現に，学説では，威力業務妨害罪については判例の見解を支持しつつ，偽計業務妨害罪については公務はすべて「業務」に含まれるとする見解が有力に主張されている。[*4]

　しかし，判例は，この見解には立っていない。このことを示したのが，本決定である。というのも，本決定は，威力と偽計の両方が用いられた本件について，両者を区別することなく，等しく「強制力を行使する権力的公務」ではないという理由で，立候補届出受理事務を「業務」にあたるとしたからである。

　このように，本決定は，偽計業務妨害罪についても「強制力を行使する権力的公務」か否かに注目する判例の見解を維持することを明らかにしたのであり，ここに本決定の意義がある。

　判例の見解が維持された理由は，決定文からは明らかではないが，考えられる理由としては，妨害の手段が威力か偽計かによって「業務」の範囲が異なるのは解釈として適当ではないこと，「強制力を行使する権力的公務」においては偽計による妨害はすでに織り込み済みであり，保護する必要性が低いと解されることなどが挙げられる。

*2
最決昭和62・3・12刑集41巻2号140頁，最決平成14・9・30刑集56巻7号395頁（百選Ⅱ-24）参照。

```
┌─────── 公務 ───────┐
│ ┌─────────┐       │
│ │ 強制力を │       │
│ │ 行使する │       │
│ │ 権力的公務│       │
│ └─────────┘       │
└────────────────────┘
```
　　「業務」にあたる
　　→業務妨害罪の
　　　適用ありうる

「業務」にあたらない
→業務妨害罪の
　適用なし

*3
たとえば，逃走中の被疑者を逮捕しようと探している警察官に対し，実際とは違う方向に逃げたと嘘をついて逮捕を妨害しようとする場合，警察官がこの妨害を排除するためには嘘を見抜く必要があるが，これは強制力の行使とは関係がない。

*4
下級審裁判例にも，この見解に立っていると理解しうるものがある。東京高判平成21・3・12高刑集62巻1号21頁参照。

名誉毀損罪における公然性の意義

最高裁昭和34年5月7日判決（刑集13巻5号641頁）　　　　▶百選Ⅱ-19

📡 事案をみてみよう

被告人Xは，ある夜，自宅の庭先で菰が燃えているのを発見し，消火に赴いたが，その際，Xは，たまたま現場付近で男の姿を見て，近所のAと思い込んだ。そして，Xは，自宅においてAの弟Bおよび火事見舞いに来た村会議員のCに対し，また，A方においてAの妻D，長女Eおよび近所のF，G，Hらの面前で，問われるままに「Aの放火を見た」「火が燃えていたのでAを捕まえることはできなかった」という趣旨のことを述べた。その結果，Aが放火したという噂は村中に広まった。

*1｜菰
マコモ（イネ科の多年草）やわらで織ったむしろ（大辞林より）。

☑ 読み解きポイント

本件では，Xに名誉毀損罪（230条1項）が成立するかが争われた。本罪は，公然と事実を摘示して人の名誉を毀損した場合に成立するが，本件で特に問題となったのは，XがAの放火の事実を「公然と」摘示したといえるか，つまり公然性が認められるかである。公然というと，人がたくさんいて広く知れわたる状態をイメージするが，XがAの放火の事実を述べた相手の数は，自宅においては2人，A方においては5人程度であった。この程度の数の相手に述べただけで，公然性が認められるだろうか。そもそも公然とは，どのような状態をいうのだろうか。

*2｜
ここにいう事実は，条文の「その事実の有無にかかわらず」という文言からも明らかなように，真実でなくてもよい。本件の場合，Aの放火が真実でなかったとしても，Xは，Aの放火の事実を摘示したことになる。

📖 判決文を読んでみよう

「原判決は第1審判決の認定を維持し，被告人は不定多数の人の視聴に達せしめ得る状態において事実を摘示したものであり，その摘示が質問に対する答としてなされたものであるかどうかというようなことは，犯罪の成否に影響がないとしているのである。そして，このような事実認定の下においては，被告人は刑法230条1項にいう公然事実を摘示したものということができる」。

*3｜
本判決は，結論として，名誉毀損罪の成立を認めた。

⬇ この判決が示したこと ⬇

公然とは，不特定または多数の人が認識できる状態をいい，この公然性は，たとえ事実摘示の直接の相手方が特定少数人であっても，その相手方を通じて不特定または多数の人に伝わる可能性（伝播可能性）がある場合には認められるとする立場（伝播性の理論）から，Xは公然と事実を摘示したといえるとした。

✌️ 解説

I. 公然性の意義

名誉毀損罪にいう公然とは，不特定または多数の人が認識できる状態をいうとするのが判例・通説であり[*4]，本判決も，これに従っている。この定義によれば，相手方が特定かつ少数の人の場合には，公然性が認められず[*5]，本罪は成立しない。ここにいう不特定とは，相手方が特殊な関係によって限定されていないことをいい，多数とは[*6]，単に複数というだけでは足りず，相当の多数であることをいうとされる。

本件の場合，XがAの放火の事実を摘示した直接の相手方は，特定の人であり，その数も，多数とはいえない。そのため，公然性は認められないようにも思われる。

II. 伝播性の理論

しかし，本判決は，公然性を認めた。その理由は，判決文に明示されていないが，いわゆる伝播性の理論に従ったものと考えられる。というのも，本判決が支持する第1審は，伝播性の理論を明示的に用いて公然性を認めていたからである。

伝播性の理論とは，事実摘示の直接の相手方が特定かつ少数の人であっても，その相手方を通じて不特定または多数の人に伝わる可能性（伝播可能性）がある場合には，公然性が認められるとする考え方であり，判例では古くから認められていた[*7]。公然とは，前述したように，不特定または多数の人が認識できる状態をいうが，伝播可能性があれば，たとえ直接の相手方が特定かつ少数の人であっても，不特定または多数の人が認識できる状態にあることに変わりはないと考えるのである[*8]。

本件の場合，Aの放火の事実はB以下の村の人々にとって重大な関心事であり，伝播可能性があったといえるであろう。このことは，Aが放火したという噂が村中に広まったことからも裏づけられる。したがって，本件は，伝播性の理論によれば，公然性が認められる事案であったといえる。

III. 反対説

学説においては，伝播性の理論に反対する立場も有力である。伝播可能性があれば足りるとするのでは，公然性を名誉毀損の限定要件とした意義が失われるというのが，その理由である。この立場によれば，直接の相手方は特定かつ少数の人であったが，そこから不特定または多数の人に伝播した場合，たとえば，新聞記者1人に事実を摘示し，この新聞記者の報道により名誉が毀損された場合には，新聞記者に本罪が成立し，新聞記者に事実を摘示した者には本罪の共犯が成立しうるにとどまる。

本件の場合，たとえば，Aの放火の事実をXから聞いたIが直接不特定または多数の人にAの放火の事実を摘示してAの名誉を毀損したのであれば，反対説からも，Xは，Iの共犯として処罰されうる。これに対し，直接不特定または多数の人にAの放火の事実を摘示した者がおらず，特定かつ少数の人のリレーによって噂が広まったのだとすれば，反対説からは，どの時点においても公然性が認められないため，名誉毀損罪もその共犯も成立しないことになる。

1. 幼児の監禁

［判例 **06**］で学んだように，監禁罪（220 条）の保護法益は，人の場所的移動の自由である。したがって，本罪の客体としての「人」は，移動能力のある自然人に限られ，生後まもない嬰児などを含まないと解されている。もっとも，自由の意味を理解する能力は不要であり，事実的な運動能力があれば足りる。京都地判昭和45・10・12 判タ 255 号 227 頁（百選Ⅱ-10）は，強盗犯人が被害者宅に立てこもり，生後 1 歳 7 か月の A を人質にして部屋の片隅にとどめておいた事案について，A が自力で任意に座敷をはいまわったり，壁などを支えにして立ち上がり，歩きまわったりすることができたと認定して，監禁罪の成立を認めた。

2. 一般に開放された建造物への立入りと建造物侵入罪の成否

住居侵入罪（130 条前段）における「侵入」が，管理権者の意思に反する立入りを意味することは，［判例 **09**］で学んだ。では，開店中のスーパーマーケットのような一般に開放された建造物に，万引きなどの違法行為をする目的で，一般の利用客を装って立ち入ることは，「侵入」にあたるだろうか。一般に開放された場所への立入りについては，管理権者の同意が包括的に与えられており，一般の利用客と立入りの外観が変わらない場合には，包括的同意の範囲内として「侵入」にあたらないと解することもできるため，問題となる。

最決平成 19・7・2 刑集 61 巻 5 号 379 頁（百選Ⅱ-18）は，一般に開放された建造物への立入りが「侵入」にあたる場合があることを示した。事案は，利用客の暗証番号を盗撮する目的で，ATM が設置された無人の銀行支店出張所に営業時間内に立ち入ったというもので，最高裁は，「そのような立入りが同所の管理権者である銀行支店長の意思に反するものであることは明らかであるから，その立入りの外観が一般の現金自動預払機利用客のそれと特に異なるものでなくても，建造物侵入罪が成立する」とした。

もっとも，万引き目的でのスーパーマーケットなどへの立入りを建造物侵入罪とした裁判例は，いまのところ見当たらない。

3. 公共の利害に関する場合の特例

［判例 **11**］で学んだ名誉毀損罪（230 条）には，公共の利害に関する場合の特例（230 条の 2）がある。それは，①名誉毀損行為が公共の利害に関する事実にかかり（事実の公共性），②その目的がもっぱら公益を図ることにあったと認める場合には（目的の公益性），③事実の真否を判断し，真実であることの証明があったときは（真実性の証明），これを罰しないとするものである。名誉の保護と言論の自由の保障との調和を図るため，戦後に設けられた。

事実の公共性は，個人のプライバシーに関する事実については認められないのが原則であるが，その人の社会的活動の性質や影響力の程度などによっては，社会的活動に対する評価の資料として公共性が認められることがある。最判昭和 56・4・16 刑集 35 巻 3 号 84 頁（百選Ⅱ-20）は，日本有数の宗教法人の会長 A とその女性幹部で元国会議員の B，C との男女関係を記載した雑誌記事について，事実の公共性を認めた。

摘示した事実を真実であると考えていたが，真実性の証明に失敗した場合，証明に失敗した以上，この特例の要件を満たさないとして，必ず処罰されるのだろうか。判例は，名誉の保護と言論の自由の保障との調和を考慮して，名誉毀損罪の成立しない場合があることを認めている。では，どのような場合であれば成立しないのか。最大判昭和 44・6・25 刑集 23 巻 7 号 975 頁（百選Ⅱ-21）は，「行為者がその事実を真実であると誤信し，その誤信したことについて，確実な資料，根拠に照らし相当の理由があるとき」には名誉毀損罪は成立しないとした。この基準は，その後，インターネット上の名誉毀損の場合にもあてはまることが確認されている（最決平成 22・3・15 刑集 64 巻 2 号 1 頁）。

Chapter III

財産に対する罪

本章で学ぶこと

1. 窃盗罪
2. 強盗罪
3. 詐欺罪・恐喝罪
4. 横領罪・背任罪・盗品等に関する罪・毀棄および隠匿の罪

Chapter III では，財産に対する罪（財産犯）について学ぶ。

人の生活および経済活動において，財産を保護することは非常に重要である。もっとも，刑法においては，すべての財産侵害が処罰の対象とされているわけではない。たとえば，お金を貸したが返してもらえないといった，単なる債務不履行は処罰の対象ではない。刑法では，民事的な手段では十分な保護を果たせない場合を特に処罰の対象として保護しているのである。

刑法上に規定されている主な財産犯は，窃盗罪（III-1），強盗罪（III-2），詐欺罪・恐喝罪（III-3），横領罪・背任罪・盗品等に関する罪・毀棄および隠匿の罪（III-4）である。Chapter III では，これらの罪について学ぶ。これらの罪では，基本的に財物（お金など）が保護の対象とされているが，財産上の利益（債権など）が保護の対象とされている罪もある。

財産犯は，財物が占有されていたのかどうか，財物がどのように移転したのか等によって区別される（［財産犯の見取り図］を参照）。財産犯では，個々の罪を独立して学ぶだけではなく，各罪の特徴の違いを比較しながら学ぶとわかりやすい。

最初に
全体像を
つかもう

財産犯の見取り図

1. 領得罪と毀棄罪

　財産犯は，まず，領得罪というグループと，毀棄罪というグループの2つに大きく分けられる。領得罪というのは，経済的に得をしたいという気持ちで他人の財産を侵害する罪である。たとえば，「あの靴を履きたい」と思って店で靴を盗む場合である。財産犯の多くは領得罪に属する。

　これに対し，経済的に得をしたいという気持ちを持たずに他人の財産を侵害するのが，毀棄罪である。「あいつを困らせてやろう」と思って友人の靴を川に投げ捨てる場合が，これにあたる。毀棄罪にあたるのは，建造物損壊罪（260条）や器物損壊罪（261条）などである。

　経済的に得をしたいという気持ちは，犯罪の成立要件としては，不法領得の意思（厳密には，その中でも，経済的用法に従って利用処分する意思）と呼ばれている。したがって，不法領得の意思を成立要件とするものが領得罪，不法領得の意思を成立要件としないものが毀棄罪であると表現することもできる。

2. 移転罪

　領得罪は，さらにいくつかのグループに分かれる。そのひとつは，移転罪というグループである。

　移転罪の特徴は，占有の移転にある。占有の移転というのは，被害者の占有（支配）の下にあった物（財物）が犯人または第三者の占有の下に移動することである。[*1][*2] たとえば，被害者が手に持っていたかばんが犯人の手に渡る場合がこれにあたる。

　移転罪に属するのは，窃盗罪（235条），強盗罪（236条），詐欺罪（246条），恐喝罪（249条）の4つの罪である。これらの4つの罪は，占有移転の手段がそれぞれ違っている。[*3][*4]

　また，強盗罪，詐欺罪，恐喝罪は，財物の占有を移転させる場合だけでなく，財産上の利益を移転させる場合にも成立する。それぞれ2項強盗罪（236条2項），2項詐欺罪（246条2項），2項恐喝罪（249条2項）と呼んでいる。財産上の利益の具体例としては，労務（サービス）の提供を受けたり，債務の弁済を免れたりする場合が挙げられる。[*5]

　たとえば，タクシーを降りる際に運転手の首にナイフを突きつけて代金を支払わずに逃走した場合，タクシーの売上金といった財物の占有移転はない。しかし，代金を支払わなかったということは，債務の弁済を免れたということであり，そのような財産上の利益を強力な脅迫という手段で取得したので，2項強盗罪が成立する。

　他方，窃盗罪の客体は財物に限られる。財産上の利益をこっそり得ても犯罪ではな

*1
Ⅲ-1のIntroduction（p. 34），［判例**12**］参照。

*2
財物とは，原則として固体，気体，液体という有体物を指す。

*3
ただし，移転罪は領得罪であるから，たとえ占有の移転があっても，不法領得の意思がなければ，移転罪は成立しない。たとえば，「靴を隠して困らせてやろう」と思って他人の靴を持ち去った場合，客観的には靴の占有移転があるが，不法領得の意思がないため，窃盗罪は成立しない（器物損壊罪が問題となる）。［判例**16**］参照。

*4
窃盗罪は，典型的にはこっそり占有を移転させ，強盗罪は，被害者が抵抗できないぐらいの強力な暴行・脅迫を手段として占有を移転させ，詐欺罪は，被害者をだまして占有を移転させ，恐喝罪は，強盗罪に至らない程度の暴行・脅迫を手段として占有を移転させる。

*6

い。

3. 非移転罪

　領得罪の中の2つめのグループは，非移転罪である。委託物横領罪（252条），業務上横領罪（253条），遺失物等横領罪（254条）が，このグループに属する。

　非移転罪の特徴は，移転罪と違って，財物の占有移転がないところにある。友人からあずかっていた絵画を無断で別の人に売ったという委託物横領罪の事例で考えてみよう。この事例で，絵画を占有しているのは，友人ではなく犯人である。つまり，友人から犯人に絵画の占有を移転させたことではなく，犯人の占有する絵画を，所有者である友人の信頼を裏切って不当に処分したことが犯罪とされているのである。なお，上記の横領罪の客体は物に限られ，財産上の利益は客体とならない。

4. 背任罪

　背任罪（247条）は，他人の事務を処理する者がその任務に背_{そむ}いて他人（「本人」と呼ばれる）に財産上の損害を与える罪である。信用金庫の事務を処理する支店長が回収の見込みのない無理な融資をして信用金庫に損害を与える場合が，典型例である。

　背任罪は，事務処理の委託をした他人の信頼を裏切って他人の財産を侵害するという点では委託物横領罪と共通する。しかし，客体が物に限られない点，不法領得の意思が成立要件とされていない点で，委託物横領罪と異なる。

　不法領得の意思が成立要件とされていないので，他人に損をさせようという気持ちしかなくても，背任罪は成立する。ただし，自分が利益を得たいという動機があっても，背任罪の成立は認められる。^{*7}

5. 盗品関与罪

　盗品関与罪（256条）は，上記の各種財産犯罪によって領得された財物（盗品等）を受け取ったり，運搬したりする罪である。^{*8}

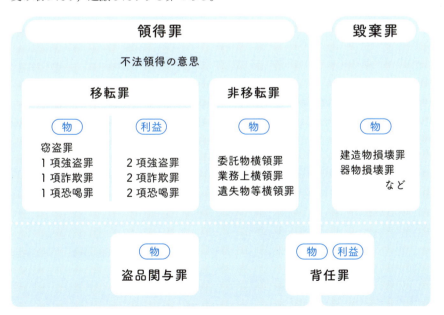

※ (物)(利益)は，それぞれ財物，財産上の利益が客体となることを意味している。

*5
それぞれ「強盗利得罪」，「詐欺利得罪」，「恐喝利得罪」ともいう。他方，財物を客体とする場合をそれぞれ1項強盗罪（236条1項），1項詐欺罪（246条1項），1項恐喝罪（249条1項）と呼ぶこともある。なお，「強盗罪」という用語は，1項強盗罪を指す場合と，1項強盗罪と2項強盗罪の総称として使う場合とがあるので，注意しよう。「詐欺罪」や「恐喝罪」も同様である。

*6
このような場合を「利益窃盗」と呼んでいる。たとえば，店で飲食後，店員にみつからないように黙って逃走し，飲食代の支払を免れる場合がこれにあたる。

*7
背任罪は，自己もしくは第三者の利益を図り，または本人に損害を加える目的（図利加害目的）が成立要件のひとつとされている。〔判例37〕参照。

*8
盗品関与罪は，不法領得の意思が成立要件とされているわけではないが，領得罪で領得された財物を客体とすることから，領得罪のグループに入れてよいだろう。

1

Introduction

窃盗罪

　法学部の学生Xは，書店で『ポケット六法』を盗むこととし，1冊手に取って，かばんの中に入れた。そして，レジでお金を支払うことなく，店の外に出た。これは，いわゆる万引きであって，もちろん窃盗罪が成立すると誰もが思う。では，なぜその行為に窃盗罪が成立するといえるのだろうか。他人の物を盗んだからだろうといわれるかもしれないが，問題は，どのような場合に「他人の物を盗んだ」といえるのかである。以下では，窃盗罪の成立要件について考えてみよう。

（窃盗罪）
235条　他人の財物を窃取した者は，窃盗の罪とし，10年以下の懲役又は50万円以下の罰金に処する。

1.「他人の財物」

　「他人の財物」とは，他人が所有する財物を意味する。

　財物とは，固体や液体などの有体物を意味するから，情報そのものは財物ではない。そのため，書店で六法を立ち読みして条文の情報を読み取るだけでは窃盗罪にはならない〔→判例**17**〕。

2.「窃取」

　他人の物を「窃取」したというためには，単に他人の物を持ち去るのではなく，他人が占有する他人の物を持ち去り（占有の侵害），行為者が占有を取得すること（占有の取得）が必要である。占有の侵害と占有の取得の意味について，以下でみてみよう。

（1）占有の侵害

　占有とは，財物に対する事実上の支配である。つまり，他人がその物を手元に置くなどして支配することにより，いつでも使えるようにしている物を持ち去る場合が窃盗罪にあたる。占有されていない物の持ち去りには占有離脱物横領罪（254条）が成立するが，同罪の法定刑の上限は1年の懲役にすぎない。これに対して，窃盗罪の法定刑の上限は10年の懲役であるから，占有された物がいかに厚く保護されているのかがわかる。

　エンピツくんの事例で窃盗罪が成立するのは，その六法が書店に占有されているからである。それでは，友人が六法を教室に置き忘れたまま隣の教室に移動し，その直後にXがその六法を持ち去った場合には，窃盗罪が成立するだろうか，それとも占有離脱物横領罪が成立するだろうか。ここでは占有がどのような場合にまで認められるのかが問題となる〔→判例**12**〕。

さらに，「死者の占有」も問題となる。たとえば，死亡した者が身につけていた物を持ち去った場合に，窃盗罪は成立するだろうか［→判例 **13**］。

（2）　占有の取得

窃盗罪が成立するためには，物を持ち去った者がその占有を取得したといえなければならない。そこで，いかなる場合に占有を取得したといえるのかが問題となる。エンピツくんの事例では，六法をかばんに入れたときだと思われるが，それはなぜか。あるいは，持ち去る物が六法ではなく，1 m ほどのクマのぬいぐるみであればどうだろうか［→判例 **14**］。

3．不法領得の意思

窃盗罪が成立するためには，窃盗の故意（占有の侵害と，占有の取得，両方の認識）以外に，不法領得の意思が必要である。不法領得の意思とは，①権利者を排除して他人の物を自己の所有物と同様に扱う意思（権利者排除意思）と，②他人の物をその経済的用法に従い利用・処分する意思（利用処分意思）という 2 つの意思から構成されるものである。エンピツくんの事例において，六法を古本屋に売るために持ち去った場合には，①権利者排除意思も，②利用処分意思も認められる。これに対して，法学部の試験に持ち込むために書店から六法を持ち出して，1 時間ほどで戻すつもりであった場合には，①権利者排除意思があるのかが問題となる［→判例 **15**］。他方，たとえば，試験当日に六法を買う必要があった友人を困らせる目的で，書店に 1 冊しか残されていない六法を隠すために持ち出した場合には，②利用処分意思があるのかが問題となる［→判例 **16**］。①②の意思については，窃盗罪の成立要件として，なぜそれらの意思が求められているのかを理解することが重要である。

さらに，1 で述べたように，六法を立ち読みして条文の情報を読み取るだけでは窃盗罪にはならないが，同じように条文の情報を得る目的で，そのページをコピーするために持ち出し，コピー後に速やかに戻した場合には，窃盗罪が成立するだろうか。ここでも①権利者排除意思の有無が問題となる［→判例 **17**］。

4．他人が占有する自己の物の取戻しについて

242 条には，「自己の財物であっても，他人が占有……するものであるときは，……他人の財物とみなす。」との規定がある。友人に貸した六法がいくら自分の物だとはいえ，友人が適法な使用貸借に基づいて占有するその六法を，所有者が友人に無断で取り戻せば，242 条の適用により窃盗罪が成立する。では，翌日に返してもらえるとの約束で貸したのに，1 週間経っても返してくれない六法を，友人から無断で取り戻した場合に窃盗罪は成立するだろうか［→判例 **18**］。

5．親族相盗例（親族間の犯罪に関する特例）

配偶者，直系血族または同居の親族との間で窃盗罪が行われた場合には，その刑が免除される（244 条 1 項）。この規定は親族相盗例と呼ばれる。たとえば，同居する兄が持つ六法を弟が兄に無断で持ち出した場合があてはまる。本条は横領罪にも準用されるが（255 条），244 条 1 項に規定された親族との間であれば常に親族相盗例が準用されるのかが問題となる［→判例 **19**］。

（他人の占有等に係る自己の財物）
242 条　自己の財物であっても，他人が占有……するものであるときは，この章の罪については，他人の財物とみなす。

（親族間の犯罪に関する特例）
244 条　①　配偶者，直系血族又は同居の親族との間で第235条の罪，第235条の2の罪又はこれらの罪の未遂罪を犯した者は，その刑を免除する。
②　前項に規定する親族以外の親族との間で犯した同項に規定する罪は，告訴がなければ公訴を提起することができない。
③　前二項の規定は，親族でない共犯については，適用しない。

＊1｜刑の免除

犯罪は成立しており有罪であるが，刑を免除すること。刑の免除には，244条1項の親族相盗例のように，必ず刑が免除される場合と，過剰防衛（36条2項）のように，刑を免除することができる場合がある。

12

窃盗か占有離脱物横領か
置き忘れたポシェットと占有

最高裁平成16年8月25日決定（刑集58巻6号515頁）　　　▶百選Ⅱ-28

🔍 事案をみてみよう

　Aは，P駅近くの公園のベンチに座り，自身のポシェットをそばに置いて，Bと話をしていた。被告人Xは，隣のベンチに座り，Aらがそのポシェットを置き忘れたら持ち去ろうと考えて，様子をうかがっていた。しばらくしてAは，ポシェットをベンチに置き忘れたまま，駅に向かってBとともにその場を離れた。Xは，Aらが公園出口にある横断歩道橋をのぼり，ベンチから約27mの距離にあるその歩道橋の階段踊り場まで行ったのを見たとき，ポシェットを取り上げ，それを持って立ち去った。他方，Aは，歩道橋を渡り，ベンチから約200m離れたP駅の改札口付近まで2分ほど歩いたところでポシェットを置き忘れたことに気づき，ベンチまで走って戻った。しかしすでにポシェットはなくなっていた。

* 1 |

窃盗罪は「他人の財物を窃取」した場合に成立するが，「他人の財物」にいう「の」は所有を意味するため，窃盗罪の成立における占有の必要性は，「窃取」の意義に関する解釈から導かれるものである。

* 2 |

占有離脱物横領罪（遺失物等横領罪）は，「占有を離れた他人の物」を領得した場合に成立する。占有離脱物横領罪では法定刑の上限が1年以下の懲役にとどまるのに対し，窃盗罪では10年以下の懲役である。両罪の法定刑の差が大きいために，罪責の違いをもたらす占有の有無が重要となる。

> ### ✅ 読み解きポイント
>
> 　本件では，Xに窃盗罪（235条）が成立するかが争われた。窃盗罪が成立するためには，行為者が領得した物が，単に他人が所有する物であるだけでなく，「占有」された物，つまり，他人の事実的な支配が及んでいる物である必要がある。占有がない物であった場合には窃盗罪は成立せず，占有離脱物横領罪（254条）が成立する。本件で，Aはポシェットを置き忘れていたが，本決定は，Xが持ち去った時点におけるポシェットに対するAの占有を肯定し，窃盗罪の成立を認めた。それでは，いかなる理由から占有を肯定したのか。その理由に注目して読み解こう。

📖 決定文を読んでみよう

\ Point |

　「被告人が本件ポシェットを領得したのは，被害者がこれを置き忘れてベンチから約27mしか離れていない場所まで歩いて行った時点であったことなど本件の事実関係の下では，その時点において，被害者が本件ポシェットのことを一時的に失念したまま現場から立ち去りつつあったことを考慮しても，被害者の本件ポシェットに対する占有はなお失われておらず，被告人の本件領得行為は窃盗罪に当たる」。

> ⇩ **この決定が示したこと** ⇩
>
> たとえ被害者がポシェットを置き忘れてその場から離れつつあったとしても，それを

持ち去ったのが，被害者がその場から約27 mしか離れていない場所まで歩いた時点
であったことなどの事実関係を前提に，ポシェットに対する被害者の占有を認めた。

 解説

I. 窃盗罪における占有の意義

　窃盗罪が成立するためには，行為者が領得した物が他人の占有する物である必要が
ある。刑法における占有とは，財物に対する事実的な支配をいう。そして，占有の有
無は，財物に対する支配の客観面（占有の事実）と主観面（占有の意思）を総合し，社
会通念に従って判断するとされるが，[3] 重要なのは客観的な支配の状態（占有の事実）
であって，占有の意思は補充的に考慮されるものにすぎない。

II. 占有の有無の判断

1 ▸▸ 閉鎖的な場所に置かれている物

　窃盗罪とは，管理して利用される物に対し厚い保護を与える規定であるから，占有
の有無の判断では，財物に対し他人を排して支配しているかが重要である。その意味
で，一般人が自由に立ち入ることのできない閉鎖的な場所に置かれている物について
は，閉鎖的な場所に対する支配を通じて，物に対する占有を認めることができる。た
とえば，留守中の自宅にある物には占有が認められる。

2 ▸▸ 閉鎖的でない場所に意識的に置いた物

　上記のとおり，財物に対し他人を排して支配しているかが重要であるから，閉鎖的
でない場所であっても，一般に他人が勝手に持ち去らないとされるような場所に物を
置いた場合には，他人を排した管理の一方法として，なお占有が認められる。[4] たとえ
ば，事実上，市場に来る客の自転車置場として利用されていた橋の上に置いた自転車
には占有が認められている。[5]

3 ▸▸ 閉鎖的でない場所に置き忘れた物

　これに対して，本件のように，公園など閉鎖的でない場所に物を置き忘れる場合，
他人を排して支配しているとは通常認められない。しかし，だからといって，占有が
認められないわけではない。この場合，行為者が領得した時点における被害者と物と
の時間的場所的近接性が重要である。その近接性が認められる場合には，被害者が置
き忘れに気づきさえすれば，支配を回復する可能性が高いため，その財物には窃盗罪
での厚い保護が与えられるべきと考えられるからである。ただ，支配の回復可能性が
重要であるから，直線距離が近くても，建物の階層をへだてていて，たとえ置き忘れ
に気づいても支配回復の措置を直ちにとることが難しい場合には，占有は否定される。[6]

　本件でも，Xの領得時点で，物とAとの間が27 mしか離れていなかったという場
所的近接性と，その地点に達するまでの時間的近接性が認められるとともに，Aにと
ってポシェットの置かれた場所を見通すことができたという場所的状況に基づいて，
その占有が肯定されたものと思われる。

*3
最判昭和32・11・8刑集
11巻12号3061頁は，占
有の有無は「通常人な
らば何人も首肯するであ
ろうところの社会通念に
よって決するの外はな
い」とする。

*4
「他人の事実的支配を
推認せしめる客観的状
況」が認められる場合とも
表現される。

*5
福岡高判昭和58・2・28
判タ497号179頁。

*6
たとえば，被害者が大規
模店舗6階のベンチに
札入れを置き忘れたまま
エスカレーターで地下1
階に移動し，約10分後
に置き忘れに気づいて
直ちに戻ったが，すでに
被告人が札入れを持ち
去っていた事案では，占
有が否定されている（東
京高判平成3・4・1判時
1400号128頁）。

13

死者の占有

殺害直後の時計の領得

最高裁昭和41年4月8日判決（刑集20巻4号207頁） ▶ 百選 II -29

事案をみてみよう

　被告人Xは，草地内でA女を強姦したが，犯行の発覚を防ぐために，Aの首をしめて殺害した。そして，Xは，Aの死体を穴に埋めて遺棄する際，Aの腕から腕時計を取り外して持ち去った。

☑ 読み解きポイント

　XはAの死体から時計を持ち去った。この行為に窃盗罪（235条）は成立するだろうか。窃盗罪は，他人が占有する他人の物を領得した場合に成立するから，領得された時点でそれが他人に占有された物である必要がある。だとすると，Aはすでに死亡しているのだから物を占有することができず，それゆえ，持ち去られた時計は，Aが占有する物とはいえないのではないだろうか。ところが，本判決は，時計に対するAの占有を肯定して窃盗罪の成立を認めた。それでは，いかなる理由から占有を肯定したのか。その理由に注目して読み解こう。

*1｜占有

刑法における占有とは財物に対する事実的な支配をいう。詳しくは，〔判例12〕参照。

判決文を読んでみよう

Point

　「被告人は，当初から財物を領得する意思は有していなかったが，野外において，人を殺害した後，領得の意思を生じ，右犯行直後，その現場において，被害者が身につけていた時計を奪取したのであって，このような場合には，被害者が生前有していた財物の所持はその死亡直後においてもなお継続して保護するのが法の目的にかなうものというべきである。そうすると，被害者からその財物の占有を離脱させた自己の行為を利用して右財物を奪取した一連の被告人の行為は，これを全体的に考察して，他人の財物に対する所持を侵害したものというべきであるから，右奪取行為は，占有離脱物横領ではなく，窃盗罪を構成する」。

⇩ この判決が示したこと ⇩

　たとえ領得の時点で被害者が死亡していたとしても，行為者が被害者を殺害した直後に，その現場で，被害者の身につけていた財物を領得した場合のように，被害者から財物の占有を離脱させた自己の行為を利用して財物を領得するという一連の行為が認められる場合には，被害者の生前の占有が引き続き保護されるべきとして占有

の侵害を認め，窃盗罪の成立を肯定した。

 解説

Ⅰ. 「死者の占有」をめぐる3つの事例

占有とは，物に対する事実的な支配をいう。死者は物を支配することができず，それゆえ死者に占有は認められない。しかし死体から物を領得するすべての場合について，占有がないとされるわけでもない。「死者の占有」と犯罪の成否については，次の3つの事例に分けられる。①死亡と無関係な第三者が財物を領得する場合，②当初から財物を領得する意思で被害者を殺害して財物を領得する場合，③被害者の殺害後に財物領得の意思が生じて財物を領得する場合である。

このうち，事例①の場合には，占有が否定されて，占有離脱物横領罪（254条）が成立する。これに対して，事例②の場合，死亡後の財物領得であっても，占有離脱物横領罪ではなく，強盗殺人罪もしくは強盗致死罪（240条後段）[*2] が成立する。

問題は事例③の場合である。

Ⅱ. 被害者の殺害後に財物領得の意思が生じて財物を領得する場合
1 ▶▶ 生前の占有の保護

本件は事例③の場合にあたる。本判決は窃盗罪の成立を認めたが，死者が財物を占有しているということを認めたわけではない。あくまで殺害をした行為者との関係では生前の占有が保護されるとしたにすぎない。すなわち，被害者を殺害し，行為者自身の行為によって被害者の財物に対する占有が失われたのに，それを利用して財物を領得すれば占有離脱物横領罪という軽い罪にしかならないのは妥当ではない，だからその場合には，被害者の生前の占有が保護されると理解して占有侵害を認め，窃盗罪[*3]を成立させようとしたものである。[*4]

2 ▶▶ 時間的場所的接着性

本件では，被害者の殺害および領得行為が野外において行われたため，「犯行直後」「その現場において」という，殺害と財物領得との間の時間的場所的接着性が限定要素として示されている。しかし，被害者の殺害後に屋内等の閉鎖的な場所で領得行為が行われた事案では，下級審の裁判例において，その時間的場所的接着性はゆるやかに解されている。たとえば，㋐あるマンションの一室で被害者を殺害した4日後に，被害者の自宅から財物を持ち出した事案[*5]，㋑被害者を自動車内で殺害し，その自動車を殺害現場から約20km離れた駐車場に駐車した3日後に，車内にあった被害者のポシェットから金銭を領得した事案[*6]において，窃盗罪の成立が認められている。[*7]これらの事案において，時間的場所的接着性がゆるやかに解されて占有が肯定されるに際しては，生前の管理状態がそのまま維持されていることが重視されている。[*8]

もっとも，学説では，事例③において占有が肯定される範囲が不明瞭であることから，占有を否定し，占有離脱物横領罪の成立にとどめるべきとする見解も有力である。

*2
240条後段には，死亡結果に故意がある強盗殺人罪の場合と，故意のない強盗致死罪の場合がある。

*3
［判例12］*2参照。

*4
すでに大判昭和16・11・11刑集20巻598頁は，同様の判断枠組みで窃盗罪の成立を認めていた。この結論の背景には，行為者の不正な先行行為があることでその後の行為の罪責が軽くなるような場合には，行為者に有利な解釈は行わないという考慮があるとされる。

*5
東京地判平成10・6・5判タ1008号277頁。

*6
東京高判平成25・6・6高刑速（平25）号69頁。

*7
その他，被害者を居室で殺害した3時間後と86時間後にその居室で財物を領得した事案でも窃盗罪の成立が認められている（東京高判昭和39・6・8高刑集17巻5号446頁）。

*8
たとえば，裁判例㋐では，「被害者の生前と何ら変わらない平穏な管理状態が維持され」ていること，裁判例㋑では，「同車両の移動や時間の経過によっても，被害者による生前の管理状態が何ら変わることなく保たれていた」ことが認められている。

14

窃盗罪の既遂時期

東京高裁平成21年12月22日判決（判タ1333号282頁）

事案をみてみよう

　被告人Xは，スーパーマーケットの店舗3階の家電売り場に陳列してあったテレビ（幅約47cm，高さ約41cm，奥行き約17cm）を盗もうと考え，そのテレビを買い物カートに入れた。そして，レジで精算することなく，カートを押して，そのまま同じ階にある男性用トイレに入り，トイレ内の洗面台下部にある扉がついた収納棚の中にテレビを隠し入れた。Xは，トイレから出て，テレビを店外に持ち出すための大きな袋を購入した。その購入の際に不審を抱いた店員が警備員に連絡をした。警備員は，トイレに入ったXの後を追ってトイレに入り，収納棚の中からテレビを発見した。

☑ 読み解きポイント

　Xは，盗もうとしたテレビを店舗内のトイレの収納棚に隠したにとどまるが，その時点で窃盗罪（235条）は既遂となるのだろうか。窃盗罪が既遂になるためには，他人の占有を侵害するだけでなく，占有を取得することが必要である。それでは，いかなる場合に占有を取得したといえるのだろうか。本判決は，テレビを収納棚に隠し入れた時点で窃盗罪の既遂を認めたが，その理由に注目して読み解こう。

＊1

窃盗罪には未遂犯を処罰する規定（243条）があるので，既遂にならなければ窃盗未遂罪が成立しうる。

＊2｜占有

刑法における占有とは財物に対する事実的な支配をいう。窃盗罪における占有の侵害については，〔判例**12**〕参照。

Point

📖 判決文を読んでみよう

　「被告人は，本件テレビをトイレの収納棚に隠し入れた時点で，被害者である本件店舗関係者が把握困難な場所に本件テレビを移動させたのであり，しかも上記のように被告人が袋を買う際に不審を抱かれなければ，これを店外に運び出すことが十分可能な状態に置いたのであるから，本件テレビを被害者の支配内から自己の支配内に移したということができ，本件窃盗を既遂と認めた原判決は正当であ」る。

⇩ この判決が示したこと ⇩

　財物が被害者の把握困難な場所に移動させられ，しかもその持ち出しが可能な状態に置かれていた場合には，財物を被害者の支配内から行為者の支配内に移したといえるから，窃盗罪の既遂が認められるとした。

解説

Ⅰ. 占有の取得という成立要件

　窃盗罪は，他人の財物を「窃取」した場合に成立する。「窃取」とは，他人が占有している物，つまり他人が事実的に支配している物を，その他人の意思に反して，自己の支配下に移転させることをいう。したがって，移転による占有の取得により，窃盗罪は既遂となる。そこで，占有の取得の有無をどのように判断するかが問題となる。[*3]

Ⅱ. 占有の取得の有無

1 ▸▸ 判断基準

　それでは，占有の取得の有無はどのようにして判断されるのか。ポイントは，元の占有者の支配を失わせることと，行為者が新たに支配を設定することである。判例では，他人の支配内にある物を自己の支配内に移して，排他的に自由に処分できる状態に置く行為があれば，それで既遂となる（窃取したといえる）とされる。[*4]したがって，元の占有者の支配領域にある物を移転する場合に，その支配領域から物を持ち出せば占有の取得は認められるであろうが，支配領域内であっても，他人を排して自分で自由に処分できる状態に置いたといえれば，占有の取得を肯定することはできる。

2 ▸▸ 判断の実際

　上記の判断に際しては，財物の大きさ，搬出の容易性，占有者の支配の程度などの事情が考慮される。占有の取得が肯定される代表例としては，財物を隠匿する場合である（小さな商品をかばんに隠し入れる万引きは典型例である）。[*5]それ以外にも，買い物かごに商品を入れて代金を支払わずにレジの外側に持ち出し，カウンターに置いてビニール袋に商品を移そうとした時点で店員に取り押さえられた事案では，レジの外側に商品を持ち出した時点で占有の取得が認められている。レジの外側に出れば，「代金を支払ってレジの外側へ出た一般の買物客と外観上区別がつかなくなり，犯人が最終的に商品を取得する蓋然性が飛躍的に増大する」からとされる。[*6]まだ店の中であっても，一般の買物客にまぎれることによって犯行の発覚が困難となる点から，支配の排除と新たな支配の設定が認められるのだと思われる。

　反対に，工場内の資材小屋から金属部品を持ち出そうとしたが，工場構内で取り押さえられた事案では，占有の取得が否定されている（窃盗未遂罪にとどまる）。そこでは，構内には一般人の出入りがなく，門扉，障壁，守衛等の設備があって持ち出しが難しいことが理由とされている。[*7]こうした状況では，いまだ占有者の支配は失われておらず，行為者の新たな支配の設定もないといえる。

　本件テレビも，いまだ店舗内にとどまる。しかし，たとえ店舗内であっても，隠匿行為によって店舗側が本件テレビを発見することは困難となり，その意味で本件テレビに対する支配はすでに失われているといえる。他方，本件テレビの大きさ等からして，大きな袋を使用すれば，店舗側にみつかることなく持ち出すことが可能な状況となっている。そうした状況が隠匿の時点で生み出された点に，新たな支配の設定が認められる。このような理解から，占有の取得が肯定されたものと思われる。

*3|
本件では，行為者が物を取得する場面において，行為者の占有の有無が問題になっている。これに対して，［判例**12**］と［判例**13**］では，行為者が移転しようとした物が被害者によって占有されていた物といえるのかが問題とされた。

*4|
大判大正12・7・3刑集2巻624頁，最判昭和23・10・23刑集2巻11号1396頁。どちらの判決でも，既遂となるために，安全な（完全な）保持までは必要ではないとされる。

*5|
浴場でみつけた指輪を浴槽横の隙間に隠した事案として，前掲大判大正12・7・3。

*6|
東京高判平成4・10・28判タ823号252頁①事件（百選Ⅱ-34）。

*7|
大阪高判昭和29・5・4高刑集7巻4号591頁。

15

権利者排除意思（不法領得の意思）

自動車の一時使用と権利者排除意思

最高裁昭和55年10月30日決定（刑集34巻5号357頁）　　▶百選Ⅱ-32

事案をみてみよう

被告人Xは，午前0時頃，ガソリンスタンドに置かれたAが所有する自動車を，Aに無断で同所から乗り出した。この際，Xは，午前5時30分頃までには元の場所に返すつもりであった。ところが，Xは，午前4時10分頃，走行中の別の場所で，無免許運転罪[*1]で検挙された。

*1｜無免許運転罪
現行法は道路交通法64条1項・117条の2の2第1号。

✓ 読み解きポイント

Xは，Aに無断で自動車を乗り出したのであるから窃盗罪（235条）の成立を認めてもよい，との考えもあるかもしれない。これに対し，被告人側は，Xは一時的に使用する意思しかなかったのであるから窃盗罪ではないと主張した。被告人側のこの主張には，次に示す，不法領得の意思という問題が関係する。

すなわち，窃盗罪が成立するためには，故意とは別に，不法領得の意思が必要とされている。不法領得の意思とは，①権利者を排除して他人の物を自己の所有物と同様に扱う意思（権利者排除意思）と，②他人の物をその経済的用法に従い利用・処分する意思（利用処分意思）という2つの意思から構成されるものだが[*2]，本件では，Xは，Aの自動車を一時的に使用するだけで，その後は返還する意思であったこととの関係で，①権利者排除意思の有無が問題とされた。本決定は権利者排除意思を認めて窃盗罪の成立を認めたが，その理由に注目して読み解こう。

*2｜
判例では，「権利者を排除し他人の物を自己の所有物と同様にその経済的用法に従いこれを利用し又は処分する意思」とされている。最判昭和26・7・13刑集5巻8号1437頁。

📖 決定文を読んでみよう

「被告人は，深夜，広島市内の給油所の駐車場から，他人所有の普通乗用自動車（時価約250万円[*3]相当）を，数時間にわたって完全に自己の支配下に置く意図のもとに，所有者に無断で乗り出し，その後4時間余りの間，同市内を乗り廻していたというのであるから，たとえ，使用後に，これを元の場所に戻しておくつもりであったとしても，被告人には右自動車に対する不正領得の意思〔不法領得の意思〕があったというべきである」。

*3｜
現在の価値に換算すると，およそ357万円となる。

⇩ この決定が示したこと ⇩

他人の自動車を数時間にわたって自己の支配下に置く意思があった場合には，たとえ元の場所に戻す意思があったとしても，不法領得の意思（①権利者排除意思）があ

ったといえるとした。

👆 解説

Ⅰ．権利者排除意思の必要性

　窃盗罪の成立には，故意として，物の占有が移転することの認識が必要なのはもちろんであるが，故意以外にも，不法領得の意思（①権利者排除意思，②利用処分意思）が必要とされる。ここでは特に，①権利者排除意思の必要性を考える。

　たとえば，スーパーで買い物をしたが，手で抱えられないので，スーパーのカートを一時的に借りて荷物を隣の自宅まで運び，その後すぐにカートを元の場所に戻したとする。これが窃盗罪にならないのだとすれば，どのような理由でその成立を否定できるだろうか。ひとつは，カートがすぐに戻されたので侵害の程度（利用の可能性が妨害された程度）が軽微であったという理由である。しかし，侵害の程度が軽微であったということは，窃盗罪が成立した後に，カートが実際に短時間で戻されて初めてわかる事情であって，窃盗罪が成立するかどうかを判断する，持ち出しの時点では考慮することができない。このように持ち出しの時点ではその後の客観的事情を考慮できないので，持ち出しの時点での意思（権利者排除意思）の有無に着目するほかない。そして，一時使用の事例では，権利者排除意思がないので窃盗罪の成立が否定されるのである。^{＊4}このようにして，権利者排除意思は，一時使用の事例において窃盗罪の成立を否定するために，成立要件とされているのである。

Ⅱ．権利者排除意思の有無の判断

　もっとも，他人の物を一時的に使用する意思であるからといって，直ちに権利者排除意思がないということにはならない。

　まず，一時的に使用する意思でも返還意思をともなっていなければ，権利者排除意思がないことにはならない（権利者排除意思が認められる）。^{＊5}

　さらに，本件のように，一時的に使用する意思で，しかもそれを返還する意思があっても，その一時使用により相当程度の利用可能性を害する意思があるとされる場合には，権利者排除意思が認められる。相当程度の利用可能性を害する意思か否かは，①占有者による利用の可能性・必要性の程度，②予定された使用・利用妨害の時間，③物の価値などを考慮して判断される。だとすると，自動車が使用された本件では，①自動車が占有者にとって使用の可能性が常に生じるものであること，②Xは5時間程度は使用する意思であったこと，③自動車という高価なものであったことが考慮されて，相当程度の利用可能性を害する意思が認められたのだと思われる。^{＊6}

　そのほか，一時的に使用して返還する意思があり，その使用による利用可能性侵害の程度が軽微でも，物の価値の減少をともなう利用の意思がある場合には，権利者排除意思が認められることがある（これについては，［判例**17**］で検討する）。

^{＊4}｜
実行行為（持ち出し）の時点で権利者排除意思がないために，窃盗罪の成立が否定される。したがって，権利者排除意思が認められないような一時使用の意思で物を持ち出した場合，その後，何らかの事情で返還できなかったとしても，窃盗罪は成立しない（たとえば，京都地判昭和51・12・17判タ354号339頁）。

^{＊5}｜
たとえば，逃走のために短時間使用する意思で他人の船をこぎ出したが，それを乗り捨てる意思であった場合に，前掲最判昭26・7・13は，権利者排除意思を認めた。

^{＊6}｜
価値が自動車ほど高くはない自転車の一時使用について，権利者排除意思が認められなかった事案として，前掲京都地判昭和51・12・17。

 **事案をみてみよう**

　被告人Ｘは，支払督促制度を悪用して，Ａの財産を不正に差し押さえ，強制執行することにより金員を得ようと考えた。具体的には，ＸがＡに対し6000万円を超える債権を有するという内容虚偽の支払督促を申し立てた上，債務者とされたＡあてに裁判所から発送される支払督促正本等について，共犯者ＹがＡを装って郵便配達員から受け取って，支払督促正本等が送達されたように形を整え，Ａに督促異議申立ての機会を与えないようにすることで，支払督促の効力を確定させるという計画を立てた。そして，Ｙが，支払督促正本等の送達に来た郵便配達員に対して，自らＡであると述べてＡ本人であるように装い，郵便配達員から支払督促正本等を受け取った。Ｘは，当初から支払督促正本等を速やかに廃棄する意図であり，実際にも，Ｙから支払督促正本等を受け取った後，すぐに廃棄している。

✅ **読み解きポイント**

　本件では，ＹがＡであるとの虚偽の事実を述べて，ＹをＡであると誤信した郵便配達員に支払督促正本等を交付させた行為について，詐欺罪（246条1項）の成否が問題となるが，その成否は不法領得の意思の有無にかかる。

　（［判例15］で学んだように）不法領得の意思は，①権利者を排除して他人の物を自己の所有物と同様に扱う意思（権利者排除意思）と，②他人の物をその経済的用法に従い利用・処分する意思（利用処分意思）という2つの意思から構成される。詐欺罪も，窃盗罪（235条）と同じく領得罪であるから，その成立には，故意とは別に，この不法領得の意思が必要である。

　本件では，受領後に廃棄する意思で支払督促正本等を受領しているから，そこに②利用処分意思が認められるのかが問題となった。本決定は利用処分意思を否定したが，その理由に注目して読み解こう。

📖 **決定文を読んでみよう**

　「郵便配達員を欺いて交付を受けた支払督促正本等について，廃棄するだけで外に何らかの用途に利用，処分する意思がなかった場合には，支払督促正本等に対する不法領得の意思を認めることはできないというべきであり，このことは，郵便配達員からの受領行為を財産的利得を得るための手段の一つとして行ったときであっても異ならないと解するのが相当である。」

Point

＊1｜支払督促制度

債権者が債務者に対し金銭等の給付を請求する場合に，強制執行ができる文書（債務名義）を早く簡単に得ることができるようにした制度（民訴382条以下参照）。債権者による裁判所書記官への支払督促の申立てに基づいて，裁判所書記官が債務者に対し支払督促を発する。債務者からの督促異議の申立てがなければ，支払督促に「仮に執行することができる」という宣言をつけてもらうことができる。この仮執行宣言のついた支払督促が債務名義となり，債権者はこれに基づいて強制執行を申し立てることができる。

＊2｜不法領得の意思

「権利者を排除し他人の物を自己の所有物と同様にその経済的用法に従いこれを利用し又は処分する意思」（最判昭和26・7・13刑集5巻8号1437頁）。

＊3｜領得罪

［財産犯の見取り図］（p.32）参照。

＊4
詐欺罪の成立は否定されたが，有印私文書偽造罪（159条1項）等の成立は認められている。

> **⇩ この決定が示したこと ⇩**
>
> 　廃棄するだけでほかに何らかの用途に利用する意思がなかった場合には，不法領得の意思を認めることはできないとした。

☞ 解説

Ⅰ．利用処分意思の必要性

　本決定は詐欺罪についての判断であるが，窃盗罪等も含めた不法領得の意思一般にあてはまる。本件では利用処分意思が問題となったが，窃盗罪等の成立に，なぜこの意思が必要なのだろうか。

　領得罪である窃盗罪・詐欺罪の法定刑の上限が 10 年以下の懲役であるのに対し，毀棄罪である器物損壊罪（261条）の法定刑の上限は 3 年以下の懲役である。たとえば，腕時計が盗まれても，それが犯人の手元にあれば，所有者の下に再び戻ってくる可能性もあるのに対し，腕時計が壊されてしまえば所有者の下には二度と戻ってこない。そうすると，法益侵害の程度としては器物損壊罪のほうが重いように思われるが，法定刑の上限は逆である。このように，窃盗罪等の法定刑は器物損壊罪よりも重い。それは，窃盗罪等が，財物が持つ効用を得ようとする利欲的な意思（その物を使用したり，換金したりする意思）でなされるものであるため，犯罪が行われる可能性が高く，その分，犯罪を抑止するために法定刑を重くしているからである。そうだとすれば，窃盗罪等が成立するとし，その罪で処罰するためには，その重い罪に見合う意思が必要である。それが利用処分意思である。窃盗罪・詐欺罪が成立するためには，このような意味で利用処分意思が必要となるのである。

＊5｜毀棄罪
［財産犯の見取り図］参照。

＊6
利用処分意思がないとして窃盗罪の成立が否定された判例として，たとえば，校長を失脚させるために，校長が保管する教育勅語を持ち出して隠匿した事案のもの（大判大正4・5・21刑録21輯663頁）がある。

Ⅱ．利用処分意思の有無の判断

　判例では，利用処分意思は，（その一般的な定義とは異なり）必ずしもその物の経済的用法に従って利用・処分する意思ではない場合にも認められている。たとえば，市議会議員選挙に際し特定の候補者の氏名を記入して混入するために投票用紙を持ち出した事案，自己の性欲を満たすために被害者宅の物干し場から女性用の下着を持ち帰った事案でも利用処分意思が認められている。すなわち，厳密な意味でその物の経済的用法あるいは本来的用法に従っている場合でなくても，その物自体から直接的に何らかの利益を得る意思があれば足りるとされる。

　しかし，利用処分意思が認められるためには，少なくとも，その物自体から直接的に何らかの利益を得る必要がある。物を取得することで，その物とは別の経済的利得を間接的に得ようとしていたとしても，それでは利用処分意思を認めることはできない。本件では，支払督促正本等の受領は，Ａの財産の差押えに向けた経済的利益を得ようとしたものである。しかしそれは，支払督促正本それ自体から利益を得るものではなく，間接的なものにすぎない。本決定が，受領行為が財産的利得を得るために行われた場合であっても，利用処分意思が認められないとしたのは，このためである。

＊7
最判昭和33・4・17刑集12巻6号1079頁。

＊8
最決昭和37・6・26集刑143号201頁。

＊9
本件の第1審，控訴審は，この点に着目して利用処分意思を認め，詐欺罪の成立を肯定した。

17 情報の不正入手と窃盗罪

東京地裁昭和59年6月28日判決（判時1126号3頁②事件）　　▶百選Ⅱ-33

事案をみてみよう

　製薬会社Pの被告人Xは，医薬品の開発のために，製薬会社Qの製造する医薬品の開発資料を入手したいと考えていたところ，研究所Rの室長Aがその資料のファイルを保管していることを知り，同研究所に勤めるYにファイルをひそかに持ち出すことを依頼した。Yは，持ち出された資料をXがコピーして開発に利用する意図であることを知りながら，その依頼を承諾した。Yは，午前9時頃，Aの戸棚から無断でファイルを取って持ち出し，午前9時30分頃，同研究所に受け取りに来たXにファイルを手渡した。Xは，ファイルをP社に持ち帰り，資料をコピーした上，その日の午後4時30分頃，Yにファイルを返還した。

☑ 読み解きポイント

　本件では，ファイルの持ち出しについて窃盗罪（235条）の成否が問題とされた。もちろん窃盗罪とみることもできるが，しかし，Xは資料をコピーすることで他社の秘密の「情報」を入手したのであって，「財物」を窃取したとはいえないのではないか。また，ファイルを持ち出してはいるが，一時的に持ち出したにすぎず，すぐに返還する意思であったのであるから，不法領得の意思がないのではないか。こうした主張によれば，本件行為に窃盗罪が成立しないようにも思われるが，本判決はその見方を否定して窃盗罪の成立を肯定した。その理由に注目して読み解こう。

---

*1
一時的な使用と不法領得の意思については，〔判例15〕を参照。

📖 判決文を読んでみよう

(1)　「情報ないし思想，観念等（以下「情報」という。）の化体^{かたい}（記載・入力等。以下同様）された用紙などの媒体（以下「媒体」という。）が刑法235条にいう財物に該当するか否かを判断するに当たって，……情報と媒体を分離して判定するのは相当でない。……媒体に化体されていてこそ情報は，管理可能であり，本来の価値を有しているといって過言ではない。情報の化体された媒体の財物性は，情報の切り離された媒体の素材だけについてではなく，情報と媒体が合体したものの全体について判断すべきであり，ただその財物としての価値は，主として媒体に化体された情報の価値に負うものということができる。……本件ファイルは，判示医薬品に関する情報が媒体に化体され，これが編綴^{へんてつ*2}されたものとして，財物としての評価を受けるものといわなければならない。」

*2　編綴
ファイルなどにとじること。

Point

(2) 不法領得の意思の有無について検討すると，「本件ファイルの財物としての価値は，……情報が化体されているところにあるとともに，権利者以外の者の利用が排除されていることにより維持されているのであるから，複写という方法によりこの情報を他の媒体に転記・化体して，この媒体を手許に残すことは，原媒体ともいうべき本件ファイルそのものを窃(ひそ)かに権利者と共有し，ひいては自己の所有物とするのと同様の効果を挙げることができる。これは正に権利者でなければ許容されないことである。しかも，本件ファイルが権利者に返還されるとしても，同様のものが他に存在することにより，権利者の独占的・排他的利用は阻害され，本件ファイルの財物としての価値は大きく減耗するといわなければならない」。「本件窃盗は，……本件ファイルを複写して，これに化体された情報を自らのものとし，前示のような効果を狙う意図と目的のために持ち出したものであるから」，不法領得の意思であったと認められる。

> ⬇ **この判決が示したこと** ⬇
>
> 　情報が化体された媒体が財物にあたるかどうかは，情報と媒体が合体したもの全体について判断されるとし（判決文(1)），情報を複写して他の媒体に化体して所持することは権利者のみに許されることであるし，財物が返還されたとしても，複写されていれば権利者の独占的・排他的利用が阻害され，財物の価値は大きく減少するから，そのような使用の意図で持ち出す場合には不法領得の意思が認められるとした（判決文(2)）。

 ## 解説

Ⅰ. 情報と財物性

　窃盗罪は「財物」の窃取を処罰する規定であり，「財物」とは有体物を意味する[*3]。情報は，有体物ではないため「財物」ではない。したがって，他人が保管する資料に掲載された秘密情報を写真で撮ってその情報を不正に入手した場合に，窃盗罪の成立は認められない[*4]。これに対し，情報が掲載されたファイルを無断で持ち出した場合には，情報自体の持ち出しではなく，そのファイル（財物）の持ち出しとして評価されることになる[*5]。本判決もこのような理解をとる。

Ⅱ. 不法領得の意思の有無

　ファイルの持ち出しを財物の持ち出しと理解したとしても，それを一時的に使用しすぐに返還する意思である場合に，権利者排除意思（不法領得の意思）[*6]を認めることはできるだろうか。ここでは，短時間で返還される点で，被害者の利用可能性が侵害される程度は軽微であるともいえる。しかしそうであっても，その使用により物の価値の減少をともなう場合には，そのような使用の意思には権利者排除意思が認められる。本件では，コピーされることで情報を独占する利益が損なわれることから，それを意図する意思には権利者排除意思が認められるとされた[*7]。

*3 ｜ 有体物

空間の一部を占め有形的存在を持つもの。固体，液体，気体。

*4 ｜

情報の不正入手が不正競争防止法21条1項の各罪にあたる範囲で処罰が可能となる。

*5 ｜

情報を持ち出しているので不正競争防止法21条1項の罪にあたりうるが，同条9項は，同条1項の罪が刑法上の罪（窃盗罪等）にもあたる場合は刑法の適用を妨げないと規定する（つまり，刑法上の罪に問える）。

*6 ｜

不法領得の意思は，①権利者排除意思と②利用処分意思から構成される（［判例**15**］参照）。

*7 ｜

同様の事案として，東京地判昭和55・2・14判時957号118頁がある。

18

窃盗罪の保護法益

最高裁平成元年7月7日決定（刑集43巻7号607頁）　　　　　　▶百選Ⅱ-26

🔎 事案をみてみよう

　被告人Xは，買戻約款付自動車売買契約により自動車金融^{*1}を営んでいた。本件での買戻約款付自動車売買契約は，借主が，貸主であるXに自動車を売り渡してその所有権と占有権をXに移転し（借主はXから売買代金の支払を受けるかたちでお金を借りる），借主は返済期限に相当する買戻期限までに，借りた金額に利息を付けた金額を支払って自動車の買戻権を行使する一方，期限までに支払えなかった場合は，Xが自動車を借主の許可なく自分の判断で処分できるとするものであった。契約内容ではXが占有権まで持つとされたが，Xと借主の間では借主が自動車を利用できることは前提であった。また，Xは，返済期限に遅れれば直ちに借主のもとから自動車を引きあげて転売する意図であったが，借主にはその意図を隠し，引きあげるのはよほど遅れたときのみなどと説明していた。Xは，一部の自動車については返済期限の前日または未明，その他の自動車についても返済期限の翌日または数日中に，ひそかに作った合鍵を利用して，借主に無断で，借主の自宅あるいは勤務先に保管されていた自動車を引きあげた。

*3

242条は，窃盗罪だけでなく，不動産侵奪罪（235条の2），強盗罪（236条）にも適用されるほか，251条に基づいて，詐欺罪（246条），恐喝罪（249条）にも準用される。

✓ 読み解きポイント

　本件では，Xが，占有者である借主に無断で自動車を引きあげた行為について，窃盗罪（235条）が成立するかが問題となった。

　235条のいう「他人の財物」とは，他人が所有する財物を意味する^{*2}。それでは，たとえば，Aは自分の所有する本を友人Bに貸したが，返還期限の前にその本をBに無断で取り戻した場合には，所有権侵害がないからAには窃盗罪が成立しないのであろうか。これについては，242条が，「自己の財物であっても，他人が占有……するものであるときは，……他人の財物とみなす。」と規定するから，Aには窃盗罪が成立する^{*3}。もっとも，本件では，借主の占有は返済期限が過ぎている点で正当なものではなく，その意味でその占有はXとの関係では242条によって保護される占有とはいえないとも考えられる。しかし，本決定は，Xに窃盗罪の成立を認めた。その理由に注目して読み解こう。

📖 決定文を読んでみよう

　「以上の事実に照らすと，<u>被告人が自動車を引き揚げた時点においては，自動車は借主の事実上の支配内にあったことが明らかであるから，かりに被告人にその所有権</u>

があったとしても，被告人の引揚行為は，刑法242条にいう他人の占有に属する物を窃取したものとして窃盗罪を構成するというべきであり，かつ，その行為は，社会通念上借主に受忍を求める限度を超えた違法なものというほかはない。」

> ⇩ **この決定が示したこと** ⇩
>
> 　他人に占有されている財物については，その財物の所有者が持ち去る場合であっても，その持ち去り行為は窃盗罪の構成要件に該当し，本件ではその違法性が阻却（そきゃく）されることもないとした。

🖐 解説

Ⅰ． 本権説と占有説——所有者による取戻し（242条）をめぐって

　242条は，自己が所有する物であっても，他人がそれを「占有」している場合には，所有者による取戻しについて窃盗罪が成立するとする。もっとも，242条にいう「占有」は，適法な権原[*4]に基づく占有に限られるのかが問題となる[*5]。これについては，質権，賃借権，留置権等の私法上の適法な権原（本権）に基づくものに限る（適法な権原に基づかない占有は含まれない）とする本権説と，適法な権原の有無を問わず財物が占有されていれば242条の「占有」といえるとする占有説がある。たとえば，所有者が窃盗犯人のもとにある自己の物を窃盗犯人から無断で取り戻した場合について，本権説に従えば，窃盗犯人の占有は適法な権原に基づかないため，242条が適用されず，窃盗罪は成立しない（窃盗罪の構成要件にあてはまらない）。これに対して，占有説に従えば，適法な権原の有無に関係なく取り戻した相手の占有は保護されるため，窃盗罪の構成要件に該当する。自己の物を緊急に取り戻す必要があったことなどの事情は，自救行為による違法性阻却[*6]として考慮されるにすぎない。

Ⅱ． 本決定の意義

　本決定は，自動車が借主の「事実上の支配内」にあった場合には，たとえXに所有権があったとしても窃盗罪が成立するとした点で，占有説の立場から判断をしたものである。本決定以前にも最高裁は，窃盗罪では「その所持者が法律上正当にこれを所持する権限を有するかどうかを問わず物の所持という事実上の状態それ自体が独立の法益として保護され〔る〕」などとして占有説の立場を示していたから[*7]，本決定はその延長線上に位置づけられる。

　また，本決定は，占有説の立場から窃盗罪にあたる可能性を広げつつ，自己の物を取り戻すという権利の行使等の側面は，違法性阻却の可能性として考慮することを示唆（しさ）する。もっとも，本件では，たとえ所有権に基づく取戻しであったとしても，Xは，返済期限に遅れれば直ちに自動車を引きあげて転売するつもりであったのに，借主にはそれを隠して，自動車の引きあげはまれであるなどと説明していたこと，ひそかに合鍵を作って借主に無断で保管場所から自動車を引きあげていることなどから，違法性が阻却されることはなかった。

---

*4｜権原

ある行為を行うことを正当化する法律上の原因のこと。法律関係を成立・消滅させることができる地位を意味する「権限」とは書き分けられる。

*5｜

この問題は，242条の「占有」の解釈にとどまらず，窃盗罪等の要件である占有侵害の解釈一般にも及ぶ。すなわち，所有者ではない者が，適法な権原に基づかない占有を侵害した場合，たとえば，窃盗犯人のもとにある盗品を第三者が窃盗犯人に無断で持ち出した事例や，覚せい剤等の禁制品を違法に所持する者からその禁制品を無断で持ち出した事例で，窃盗罪が成立するかというかたちで問題となる。

*6｜自救行為

法律の手続によらずに実力で権利の回復を図る行為。すでに侵害が終了しているため正当防衛（36条）が認められない場合に，緊急性と手段の相当性を考慮して例外的に違法性が阻却される。

*7｜

たとえば，法令上担保に供することが禁止されている国鉄公傷年金証書を借金の担保として債権者に差し入れていた者が，欺罔手段を用いてそれを取り戻した事案に関する最判昭和34・8・28刑集13巻10号2906頁。

19

親族相盗例

そうとうれい

未成年後見人による横領の事例

最高裁平成20年2月18日決定（刑集62巻2号37頁）　　　▶百選Ⅱ-35

＊1｜未成年後見人

未成年者に対して親権を行う者がいないとき，または親権を行う者が管理権を有しないとき，未成年後見が開始する（民838条1号）。未成年者に対し最後に親権を行う者の遺言により指定された者（同839条1項），あるいは家庭裁判所により選任された者（同840条）が未成年後見人となり，未成年者（未成年被後見人）の財産の管理等を行う。

＊2｜

横領罪は，「自己の占有する他人の物を横領した」（252条1項）場合に成立する（横領罪については，Ⅲ-4のIntroduction〔p. 80〕参照）。業務上の委託に基づいて占有している他人の物を横領した場合には，より法定刑の重い業務上横領罪が成立する。

\ Point /

＊3｜刑の免除

犯罪は成立しており有罪であるが，刑を免除すること。刑の免除には，244条1項の親族相盗例のように，必ず刑が免除される場合と，過剰防衛（36条2項）のように，刑を免除することができる場合がある。

🔖 事案をみてみよう

　A（当時10歳）は母Bと暮らしていたが，Bが死亡したため，Bの財産を相続した。Aの祖母である被告人X（Bの母）は，家庭裁判所からAの未成年後見人に選任されて，Aの預貯金の管理業務に従事していた。しかし，Xは，別の親族と共謀して，そのあずかり保管していたAの預金口座等から，自分たちの生活費などに費消するため，約2年間にわたり何度も金銭を引き出した。その額は合計約1500万円に及んだ。

✓　読み解きポイント

　本件では，Xが自己の占有するAの金銭を費消したことに関し，業務上横領罪（253条）が成立する。これについて，親族相盗例（親族間の犯罪に関する特例。244条）が準用されるのかどうかが問題となった。

　親族相盗例は，配偶者，直系血族または同居の親族との間で窃盗罪等を犯した場合に刑を免除する規定（244条1項）と，それ以外の親族との間で窃盗罪等を犯した場合を親告罪とする規定（同条2項）から構成される。そして，親族相盗例は横領罪にも準用される（255条）。

　XはAの未成年後見人であるが，同時にAの直系血族にあたるから，親族相盗例が準用されてその刑が免除されるのであろうか。しかし，本決定は，親族相盗例の準用を否定した。その理由に注目して読み解こう。

📖 決定文を読んでみよう

　「⑴244条1項は，親族間の一定の財産犯罪については，国家が刑罰権の行使を差し控え，親族間の自律にゆだねる方が望ましいという政策的な考慮に基づき，その犯人の処罰につき特例を設けたにすぎず，その犯罪の成立を否定したものではない」。「家庭裁判所から選任された未成年後見人は，未成年被後見人の財産を管理し，その財産に関する法律行為について未成年被後見人を代表するが……，その権限の行使に当たっては，未成年被後見人と親族関係にあるか否かを問わず，善良な管理者の注意をもって事務を処理する義務を負い……，家庭裁判所の監督を受ける……。また，家庭裁判所は，未成年後見人に不正な行為等後見の任務に適しない事由があるときは，職権でもこれを解任することができる……。このように，民法上，未成年後見人は，未成年被後見人と親族関係にあるか否かの区別なく，等しく未成年被後見人のためにその財産を誠実に管理すべき法律上の義務を負っている」。「⑵未成年後見人の後見の

事務は公的性格を有するものであって，家庭裁判所から選任された未成年後見人が，業務上占有する未成年被後見人所有の財物を横領した場合に，上記のような趣旨で定められた刑法244条1項を準用して刑法上の処罰を免れるものと解する余地はないというべきである。」

⇩ この決定が示したこと ⇩

　親族相盗例は，親族間の財産犯罪については国家が刑罰権の行使を差し控えるという政策的考慮に基づくものであるとし（Point-1），未成年後見人の後見の事務の公的性格からすれば，未成年後見人が，自己が占有し未成年被後見人の所有する物を横領した場合には，親族相盗例は準用されないとした（Point-2）。

👆 解説

Ⅰ. 親族相盗例の趣旨とその適用要件

　本決定も示すように，親族相盗例は，親族間の財産犯罪については，「法律は家庭に立ち入らない」との考えのもとに，国家が刑罰権の行使を差し控え，親族間の自律にゆだねるほうが望ましいとの政策的考慮に基づくものと理解されている。

　親族相盗例が適用・準用されるためには，窃盗罪においては，犯人が，所有者と占有者それぞれの間に親族関係を有することが必要とされる。横領罪においては，所有権侵害と委託関係侵害が横領罪の法益侵害の内容であるから，犯人が，所有者と委託者それぞれの間に親族関係を有することが必要とされる。

Ⅱ. 本決定の意義

　Ⅰで述べた親族相盗例の趣旨を前提としたとき，犯人が，自己の占有する物の所有者との間に親族関係を有するが，それと同時に，所有者の未成年後見人でもあった場合に，それでもなおその横領行為に親族相盗例が準用されるのかが問題となる。

　本決定はその準用を否定した。それは，未成年後見人の後見の事務は公的性格を有するため，たとえ横領行為が親族間で行われたものであったとしても，他人の物の占有者が未成年後見人である限り，それはもはや親族間の問題とはとらえられないので，親族相盗例の趣旨があてはまらないからである。未成年後見人は未成年被後見人の親族か否かに関係なくその財産を管理する義務を負うから，未成年後見人がその義務に反して財産犯を行った場合に，未成年被後見人の親族であるからといって，その刑が免除されることにはならない。このような理解から，Xの横領行為に親族相盗例が準用されることは否定されたのである。

＊4｜親告罪
告訴がなければ公訴を提起することができない犯罪のこと。

＊5｜
親族相盗例は，親族でない共犯者には適用されない（244条3項）。

＊6｜
親族相盗例は，窃盗罪（235条），不動産侵奪罪（235条の2）に適用され，横領罪に準用されるほか，251条により詐欺罪（246条），恐喝罪（249条），背任罪（247条）にも準用される。

＊7｜
最決平成6・7・19刑集48巻5号190頁。もちろん所有者が物を占有している場合には，犯人とその所有者との間に親族関係があれば足りる。

＊8｜
横領罪の成立要件については，Ⅲ-4のIntroduction参照。もちろん所有者が委託者である場合には，犯人とその所有者との間に親族関係があれば足りる。

＊9｜
これに対して，第1審は，孫Aが所有者である一方，家庭裁判所を委託者と解し，祖母Xは，委託者との間には親族関係がないとして，親族相盗例の準用を否定する。同旨の判断として，秋田地判平成18・10・25判タ1236号342頁がある。しかし本決定はこのような理解をとらない。

＊10｜
同様に，成年後見人について親族相盗例の適用を否定したものとして，最決平成24・10・9刑集66巻10号981頁。

Introduction

強盗罪

> Xは，生活費に困ったため，通行人からお金を奪うこととし，夜道を1人で歩くAの顔面を殴って，押し倒した上で，さらに包丁を突きつけ，「金を出せ」と脅して，Aの財布を奪った。この事例は強盗罪が成立する典型例であるが，どのような成立要件を満たすことで，この行為に強盗罪が成立するといえるのかを考えてみよう。

（強盗罪）
236条　①　暴行又は脅迫を用いて他人の財物を強取した者は，強盗の罪とし，5年以上の有期懲役に処する。
②　前項の方法により，財産上不法の利益を得，又は他人にこれを得させた者も，同項と同様とする。

1．強盗罪について

（1）被害者の反抗の抑圧

　強盗罪は，暴行・脅迫を手段として財物を強取する犯罪である。ここにいう暴行・脅迫は，強取の手段でなければならないから，強度の暴行・脅迫，具体的には，被害者の反抗を抑圧する程度のものでなければならない。エンピツくんの事例では，殴って，包丁を突きつけている点で，被害者の反抗は抑圧されているといえるだろう。これに対して，事例を変えて，Aに対し特に暴行を加えず，凶器を示すこともなく，「金を出せよ」と脅し，Aが一万円札を差し出したという場合はどうだろうか。いわゆるカツアゲをイメージした事例であるが，これは恐喝罪（249条）にとどまるであろう。被害者の反抗を抑圧する程度の行為も行われていないし，実際にも被害者の反抗は抑圧されていないからである。それでは，なぜ強盗罪の成立には，被害者の反抗の抑圧が必要なのだろうか。そして，いかなる場合に被害者の反抗の抑圧が認められるのだろうか。また，一般には被害者の反抗を抑圧する程度の行為がなされたが，実際の被害者は反抗を抑圧されていない場合には，いかなる罪が成立するのだろうか［→判例 20］。

（2）暴行・脅迫後に領得意思が生じた場合

　暴行・脅迫は必ずしも財物を奪うためだけに行われるわけではない。単に腹が立ったから，あるいは強制性交等（強姦など）を行うために行われる場合もある。それでは，エンピツくんの事例を変えて，Aと肩がぶつかったので腹が立ち，Aを殴る蹴るなどして反抗を抑圧した後に，Aが高級腕時計をつけていることに気づいたので，それを奪った場合に，強盗罪は成立するだろうか。ここでは，たしかに，暴行し，反抗を抑圧した上で財物を奪っているが，そこでの暴行が財物を奪う意思で行われてはいない点に特徴がある。このような場合にも強盗罪は成立するだろうか。成立するとい

十河太朗・豊田兼彦・松尾誠紀・森永真綱 著
『刑法各論判例 50！』（13926-8）補遺

2020 年 12 月

　本書刊行後，『刑法判例百選 I　総論〔第 8 版〕・II　各論〔第 8 版〕』（有斐閣）が刊行されました。これに対応し，この補遺では，本書に収載・引用する判例に付記した『百選』の項目番号の変更をまとめました（判例年月日順。変更のあったもののみ）。「旧」は本書に記載の『刑法判例百選 I　総論〔第 7 版〕・II　各論〔第 7 版〕』の項番号を，「新」は上記改訂後の『百選』の項目番号を示しています（「－」は収載がないことを表します）。

判例	本書の 項目番号	本書の 頁	旧	新
大判昭和 9・7・19 刑集 13 巻 983 頁	［判例 38］	94 頁	百選 II-67	百選 II-68
最判昭和 23・6・5 刑集 2 巻 7 号 641 頁	［判例 34］	86 頁	百選 II-62	百選 II-63
最判昭和 24・3・8 刑集 3 巻 3 号 276 頁	［判例 35］	85 頁，88 頁， 95 頁	百選 II-65	百選 II-66
最判昭和 24・5・28 刑集 3 巻 6 号 873 頁	［判例 24］	62 頁	百選 II-44	－
最判昭和 25・5・25 刑集 4 巻 5 号 854 頁	［判例 41］	106 頁	百選 II-80	百選 II-81
最判昭和 26・5・25 刑集 5 巻 6 号 1186 頁	［判例 32］	82 頁	百選 II-63	百選 II-64
最判昭和 30・4・8 刑集 9 巻 4 号 827 頁	［判例 25］	66 頁	百選 II-56	百選 II-57
最決昭和 30・7・7 刑集 9 巻 9 号 1856 頁	［判例 26］	68 頁	百選 II-52	百選 II-53
最判昭和 30・10・14 刑集 9 巻 11 号 2173 頁	［判例 31］	78 頁	百選 II-60	百選 II-61
最判昭和 31・12・7 刑集 10 巻 12 号 1592 頁	［判例 36］	90 頁	百選 II-69	百選 II-70
最判昭和 32・9・13 刑集 11 巻 9 号 2263 頁	［判例 22］	58 頁	百選 II-40	百選 II-39
最決昭和 39・1・28 刑集 18 巻 1 号 31 頁	［判例 02］	6 頁	百選 II-4	百選 II-3
最判昭和 45・1・29 刑集 24 巻 1 号 1 頁	［判例 08］	22 頁	百選 II-14	－

最決昭和 45・9・4 刑集 24 巻 10 号 1319 頁		124 頁	百選 II-92	百選 II-93
福岡高判昭和 47・11・22 判タ 289 号 292 頁		85 頁	百選 II-64	百選 II-65
最判昭和 51・4・30 刑集 30 巻 3 号 453 頁	[判例 45]	118 頁	百選 II-87	百選 II-88
最判昭和 59・2・17 刑集 38 巻 3 号 336 頁		121 頁, 124 頁	百選 II-93	百選 II-94
最判昭和 60・3・28 刑集 39 巻 2 号 75 頁		114 頁	百選 II-85	百選 II-86
最決昭和 61・11・18 刑集 40 巻 7 号 523 頁		100 頁	百選 II-39	百選 II-40
最決昭和 63・1・19 刑集 42 巻 1 号 1 頁		14 頁	百選 II-9	百選 II-8
最決昭和 63・2・29 刑集 42 巻 2 号 314 頁		14 頁	百選 II-3	百選 II-2
福岡高宮崎支判 平成元・3・24 高刑集 42 巻 2 号 103 頁	[判例 01]	4 頁	百選 II-2	—
最決平成元・5・1 刑集 43 巻 5 号 405 頁	[判例 49]	130 頁	百選 II-125	百選 II-122
最決平成元・7・7 判タ 710 号 125 頁		114 頁	百選 II-81	百選 II-82
最決平成元・7・14 刑集 43 巻 7 号 641 頁	[判例 43]	110 頁	百選 II-82	百選 II-83
最決平成 5・10・5 刑集 47 巻 8 号 7 頁	[判例 46]	120 頁	百選 II-94	百選 II-95
最決平成 6・11・29 刑集 48 巻 7 号 453 頁		123 頁	百選 II-88	百選 II-89
最決平成 9・10・21 刑集 51 巻 9 号 755 頁	[判例 42]	108 頁	百選 II-83	百選 II-84
最決平成 10・11・25 刑集 52 巻 8 号 570 頁	[判例 37]	92 頁	百選 II-72	百選 II-73
最決平成 11・12・20 刑集 53 巻 9 号 1495 頁		124 頁	百選 II-95	—
最決平成 14・7・1 刑集 56 巻 6 号 265 頁	[判例 39]	96 頁	百選 II-74	百選 II-75

最決平成 15・2・18 刑集 57 巻 2 号 161 頁		101 頁	百選 II-73	百選 II-74
最決平成 15・3・12 刑集 57 巻 3 号 322 頁	［判例 30］	76 頁	百選 II-51	百選 II-52
最決平成 15・4・14 刑集 57 巻 4 号 445 頁	［判例 44］	112 頁	百選 II-84	百選 II-85
最大判平成 15・4・23 刑集 57 巻 4 号 467 頁		101 頁	百選 II-68	百選 II-69
最決平成 16・2・9 刑集 58 巻 2 号 89 頁		100 頁	百選 II-54	百選 II-55
最判平成 16・12・10 刑集 58 巻 9 号 1047 頁	［判例 23］	60 頁	百選 II-42	百選 II-43
最決平成 17・3・29 刑集 59 巻 2 号 54 頁	［判例 03］	8 頁	百選 II-6	百選 II-5
札幌高判平成 17・8・18 高刑集 58 巻 3 号 40 頁		134 頁	百選 II-126	百選 II-124
最決平成 18・1・17 刑集 60 巻 1 号 29 頁	［判例 40］	98 頁	百選 II-79	百選 II-80
東京高判平成 20・3・19 高刑集 61 巻 1 号 1 頁		57 頁	百選 II-41	百選 II-42
東京高判平成 23・1・25 高刑集 64 巻 1 号 1 頁		63 頁	―	百選 II-44
最決平成 24・1・30 刑集 66 巻 1 号 36 頁		14 頁	百選 II-5	百選 II-4
最決平成 28・3・24 刑集 70 巻 3 号 1 頁	［判例 04］	10 頁	―	百選 II-6
最大判平成 29・11・29 刑集 71 巻 9 号 467 頁		23 頁	―	百選 II-14

えるためにはどのような事情が必要になるだろうか〔→判例 **21**〕。

（3） 2項強盗

　強盗罪は，財物を奪う場合だけでなく，同様の手段で財産上の利益を得る場合にも成立する（236条2項。2項強盗と呼ばれる）。エンピツくんの事例を変えて，XはAから借金をしていたが，その返済を免れるために，同様の暴行・脅迫をAに加えて，「金は返せない。借金はなかったことにしろ」と申し向けて，Aがそれを承諾した場合には，2項強盗罪が成立する。それでは，Aから借金の返済を迫られたので，Aを殺害したという場合には，2項強盗罪（強盗殺人罪）が成立するだろうか。ここでは，いかなる場合に2項強盗罪が成立するのかが問題となる〔→判例 **22**〕。

2．事後強盗罪について

　238条には，事後強盗罪が規定されており，窃盗犯人が逮捕を免れるなどの目的で被害者に暴行・脅迫を加えた場合には，強盗罪と同様に処罰される。もっとも，たとえ窃盗後に同条に規定された目的で暴行・脅迫を加えたとしても，常に事後強盗罪が成立するわけではない。そこで，事後強盗罪はいかなる場合に成立するのかが問題となる〔→判例 **23**〕。

3．強盗致死傷罪について

　240条には，強盗罪の結果的加重犯[*1]として，強盗致死傷罪が規定されている。同罪が成立する典型例は，財物を奪うために行った暴行から被害者が負傷した場合であろうが，判例はそのような場合にだけ強盗致死傷罪の成立を認めているわけではない。「強盗の機会」に行われた暴行・脅迫から生じた死傷結果についても強盗致死傷罪の成立を認める。それでは，いかなる場合に「強盗の機会」は認められるのだろうか〔→判例 **24**〕。

（事後強盗罪）
238条　窃盗が，財物を得てこれを取り返されることを防ぎ，逮捕を免れ，又は罪跡を隠滅するために，暴行又は脅迫をしたときは，強盗として論ずる。

（強盗致死傷）
240条　強盗が，人を負傷させたときは無期又は6年以上の懲役に処し，死亡させたときは死刑又は無期懲役に処する。

＊1｜結果的加重犯

ある基本的な犯罪から，行為者の意図しない，より重い結果が発生したとき，その基本的な犯罪よりも重い刑で処罰される罪のこと。たとえば，傷害致死罪（205条）は，傷害罪（204条）の結果的加重犯である。

20

強盗罪における暴行・脅迫

奪取の手段としての暴行・脅迫と被害者の反抗抑圧

最高裁昭和24年2月8日判決（刑集3巻2号75頁）

事案をみてみよう

被告人X・Y・Zの3名は，午後11時半頃，A方に立ち入り，YとZが無言でAのそばに立ち，XがAに匕首（短刀）を示して「金を貸せ」と申し向けて脅迫し，Aが差し出した現金200円[*1]を奪った。さらに，Xは匕首を示して脅迫しAから財布をもぎ取ったが，Xら3名はAの抵抗を察知して逃走した。そして，A方より350mほど離れた地点でXはAに追いつかれたことから，逮捕を免れるために匕首でAの腹部を突き刺して，Aを死亡させた。

*1|
現在の価値に換算すると，およそ3700円となる。

✓ 読み解きポイント

本件の論点は，Aの死亡に関してではなく，財物の移転に関する強盗罪（236条1項）の成否である。本件において，Xは匕首を示してAを脅迫しているものの，AはXらを追いかけ抵抗している。強盗罪は，被害者の反抗を抑圧するに足りる程度の暴行・脅迫を用いて財物を奪取する罪である。これに対して，反抗を抑圧するに至らない程度に被害者を畏怖させて（怖がらせて）財物を交付させたのであれば恐喝罪（249条1項）が成立する。この点，本件は，Xが匕首を示してAの反抗を抑圧するに足りる程度の暴行・脅迫を加えたが，それに対しAはXらを追いかけ抵抗している点で，実際には反抗が抑圧されていなかった事案である。実際に反抗が抑圧されていなくても，強盗罪は成立するのだろうか。このように，強盗罪の成否が問題となるが，本判決は，恐喝罪ではなく，強盗罪の成立を認めた。その理由に注目して読み解こう。

判決文を読んでみよう

Point

「他人に暴行又は脅迫を加えて財物を奪取した場合に，<u>それが恐喝罪となるか強盗罪となるかは，その暴行又は脅迫が，社会通念上一般に被害者の反抗を抑圧するに足る程度のものであるかどうかと云う客観的基準によって決せられるのであって，具体的事案の被害者の主観を基準としてその被害者の反抗を抑圧する程度であったかどうかと云うことによって決せられるものではない。</u>」匕首を示すなどした本件での脅迫が「社会通念上被害者の反抗を抑圧するに足る程度のものであることは明かである。従って右認定事実は強盗罪に該当するものであって，仮りに所論の如く被害者Aに対しては偶々同人の反抗を抑圧する程度に至らなかったとしても恐喝罪となるものではない。」（強盗致死罪〔240条後段〕の成立を認めた。）

> ⬇ **この判決が示したこと** ⬇
>
> 　強盗罪と恐喝罪の区別は，行為者が一般に被害者の反抗を抑圧するに足りる程度の暴行・脅迫を加えていたかどうかという客観的な基準によって判断されるのであって，被害者の主観（実際に被害者の反抗が抑圧されていたか否か）を基準に判断されるのではないとした。

 ## 解説

Ⅰ. 被害者の反抗抑圧と盗取罪である強盗罪との関係

　強盗罪と恐喝罪はともに移転罪であり，財物の移転に向けて暴行・脅迫が手段とされる点で共通するが，強盗罪は他人の財物を「強取した（ごうしゅ）」ことが処罰される罪であって，財物の移転が占有者の意思に反してなされる点に特徴がある。このように，移転罪のうち，占有の移転が占有者の意思に反するものを盗取罪という。これに対して，恐喝罪は財物を「交付させた」ことが処罰される罪であって，財物の移転が占有者の意思に基づいてなされる点に特徴がある。このように，移転罪のうち，占有の移転が占有者の意思に基づくものを交付罪という。強盗罪の構成要素として被害者の反抗抑圧が求められるのは，被害者の反抗を抑圧したのであれば，財物の移転に関する被害者の意思を見出すことができず，その移転が意思に反するものと認められるからである。これに対し，反抗の抑圧がなされていない場合には，そこに被害者の意思を見出すことができるので，財物の「交付」を認めることができる。

Ⅱ. 実際の反抗抑圧の有無と強盗罪の成否

　問題は，被害者に対して，通常であれば反抗を抑圧するに足りる程度の暴行・脅迫が行われたが，実際には被害者が反抗を抑圧されていなかった場合の強盗罪の成否である。

　学説では，強盗罪は占有者の意思に反する財物の移転を処罰する盗取罪であるから，財物の移転の時点において被害者の反抗が抑圧されていないのであれば，その成立を認めることはできないとする見解が有力である。それに従えば，反抗抑圧に足りる程度の暴行・脅迫を加えた点で強盗未遂罪（243条）は成立するが，結果的に被害者を畏怖させて財物を交付させたにとどまったことについては恐喝罪が成立するにすぎない。

　これに対し，本判決は，実際には被害者が反抗を抑圧されていなくても，行為者が一般に被害者の反抗を抑圧するに足りる程度の暴行・脅迫を加えていれば強盗罪の成立を認めることができるとした。これは，強盗罪の成立において，被害者の反抗が抑圧された状態での占有移転という点を重視せず，被害者の反抗を抑圧するに足りる程度の暴行・脅迫を加えて財物を移転させれば強盗罪が成立するとする理解である。ただ，盗取罪であるという強盗罪の特徴からすれば，こうした理解が現時点でも維持されうるのかは明らかではない。

*2 |
［財産犯の見取り図］（p.32）参照。

*3 |
つまり，移転罪の中で，強盗罪は盗取罪に，恐喝罪は交付罪に，それぞれ位置づけられる。また，窃盗罪は盗取罪，詐欺罪は交付罪である。

*4 |
被害者が財物を差し出した事実があったからといって直ちに恐喝罪にいう「交付」となるわけでもないし，行為者による財物の持ち去りを黙認しただけでも「交付」が認められる場合もある。「交付」と認められるか否かは，個々の事案における，財物の移転に関する被害者の意思の有無によって判断される。

*5 |
最判昭和23・11・18刑集2巻12号1614頁（百選Ⅱ-38）も同様の判断を示す。

*6 |
たとえば，大阪地判平成4・9・22判タ828号281頁は，被害者に対して反抗を抑圧するに足りる程度の脅迫が加えられ，被害者が財物の持ち去りを黙認したが，実際には反抗抑圧に至らず被害者は畏怖したにとどまっていた事案について，強盗未遂罪と恐喝罪の成立を認めている。

21

暴行・脅迫後の領得意思

「新たな暴行・脅迫」の必要性とその存否

東京高裁昭和48年3月26日判決（高刑集26巻1号85頁）

📖 事案をみてみよう

スナックに客として訪れていた被告人Xは，他の客Aのために立替払いをしてやったが，Aがその立替払いを否定したことでトラブルとなった。Xは，その場から逃走したAを捕まえて，問いつめたりするうちに，AもXに殴りかかってきた。そのため，Aの顔面を手けんやサンダルで数回殴り，うずくまったAの胸部を2回くらい足蹴りにするなどの暴行を加えて，顔面および胸部に打撲傷を負わせた。その暴行の後，Xは，Aから金品を奪おうと考え，Aがその場でうずくまり，おびえているのに乗じて，「金はどこにあるのか」「無銭飲食だ」などと言いながら，Aの背広の内ポケットに手を差し入れて探り，その態度からして財物の奪取を拒否すればさらに激しい暴行を加えられるとAをおびえさせた上で，Aから一万円札1枚と腕時計を取り上げた。

✓ 読み解きポイント

本件では，XがAを暴行しその反抗を抑圧した後に，財物奪取の意思が生じ，それを実現している点について強盗罪（236条1項）の成否[*1]が問題となる。これは，「暴行・脅迫後の領得意思」と呼ばれる事例類型にあたる。通常の強盗罪では，財物奪取の目的に基づいて被害者を暴行・脅迫し，財物を奪取する。これに対し，本件のような事例では，財物奪取以外の目的（たとえば，単なる暴行の目的や強制性交等の目的）で暴行・脅迫を加えてその反抗を抑圧した後に，財物奪取意思が生じ，それを実現する。この点において通常の場合とは異なる。こうした事例での財物奪取については，いかなる場合に強盗罪の成立が認められるのか。その点に注目して本判決を読み解こう。

*1
強盗罪における被害者の反抗抑圧については，〔判例20〕参照。

📖 判決文を読んでみよう

「強盗罪は相手方の反抗を抑圧するに足りる暴行または脅迫を手段として財物を奪取することによって成立する犯罪であるから，その暴行または脅迫は財物奪取の目的をもってなされるものでなければならない。それゆえ，当初は財物奪取の意思がなく他の目的で暴行または脅迫を加えた後に至って初めて奪取の意思を生じて財物を取得した場合においては，犯人がその意思を生じた後に改めて被害者の抗拒を不能ならしめる暴行ないし脅迫に値する行為が存在してはじめて強盗罪の成立があるものと解すべきである（もっとも，この場合は，被害者はそれ以前に被告人から加えられた暴行

Point

または脅迫の影響によりすでにある程度抵抗困難な状態に陥っているのが通例であ<ruby>陥<rt>おちい</rt></ruby>ろうから，その後の暴行・脅迫は通常の強盗罪の場合に比し程度の弱いもので足りることが多いであろうし，また，前に被告人が暴行・脅迫を加えている関係上，被害者としてはさらに暴行・脅迫（特にその前者）を加えられるかもしれないと考え易い状況にあるわけであるから，被告人のささいな言動もまた被害者の反抗を抑圧するに足りる脅迫となりうる……）。」（財物奪取意思が生じた後の脅迫と反抗抑圧を認定し，強盗罪の成立を認めた。）

⇩　**この判決が示したこと**　⇩

　財物奪取以外の目的で被害者を暴行・脅迫し，その後に財物奪取意思を生じてそれを実現した場合には，その意思が生じた後に，改めて被害者の反抗を抑圧するに足りる程度の暴行・脅迫を加えて初めて強盗罪が成立すること，さらに，その場合の暴行・脅迫は，通常の場合と比べて，弱い程度の暴行・脅迫でも足りることを示した。

☞ 解説

Ⅰ．「新たな暴行・脅迫」の必要性

　財物奪取以外の目的で被害者に暴行・脅迫を加えてその反抗を抑圧した後に，財物奪取の意思が生じ，それを実現した場合に，その財物奪取について強盗罪は成立するのだろうか。

　強盗罪は暴行・脅迫を手段として財物を奪取する犯罪であるから，暴行・脅迫の時点で財物を奪取する意思が必要である。したがって，暴行・脅迫の時点で財物を奪取する意思がなければ，強盗罪は成立しない。

　そうした理解に従えば，被害者の反抗を抑圧した後に財物奪取の意思が生じて，単に財物を持ち去ったにすぎない場合には，その持ち去りについては窃盗罪（235 条）しか成立しない。もっとも，財物奪取の意思が生じた後に，その意思に基づいた「新たな暴行・脅迫」を行ったのであれば，強盗罪の成立が認められる。本判決はこのことを明示したものである。現在の判例でも，財物奪取の意思に基づいた新たな暴行・脅迫がある場合に強盗罪の成立が認められている。[*2]

Ⅱ．「新たな暴行・脅迫」の存否

　それでは，いかなる場合に「新たな暴行・脅迫」が認められるのだろうか。本件のような事例では，財物奪取意思が生じた時点で，すでに被害者の反抗が抑圧されている。そのため，新たな暴行・脅迫は，それ自体をみれば，一般に被害者の反抗を抑圧するに足りる程度のものでなくとも，すでにある反抗抑圧状態を維持・継続するに足りる程度のものであればよい。本判決もそのような理解であるし，だからこそ，本件における「金はどこにあるのか」という発言や背広の内ポケットを探るという行動だけで，「新たな暴行・脅迫」が認められたのである。[*3]

[*2]
「新たな暴行・脅迫」が認められる場合に強盗罪が成立するとした裁判例として，東京高判平成 20・3・19 高刑集 61 巻1号1頁（百選Ⅱ-41）も参照。

[*3]
大阪高判平成元・3・3 判タ712号248頁も同様の判示をする。

22

2項強盗罪における財産上の利益
債権者の殺害と2項強盗罪の成否

最高裁昭和32年9月13日判決（刑集11巻9号2263頁）　　　　▶ 百選Ⅱ-40

事案をみてみよう

　被告人Xは，Aから金銭を借りていたが，その返済をしなかったため，Aから返済を督促されていた。しかし返済の手段がなかったXは，Aとの金銭の貸借については証書もなくその内容も明確でないため，Aが死亡すれば，X以外にその詳細を知る者がいない（返済を請求される可能性がなくなる）と考えて，Aを殺害して債務の履行を免れることを計画した。そしてある日の夜，Xは，人がめったに通らない道路上でAの頭部等を棒で殴り重傷を負わせたが，Aを死亡させるには至らなかった。

✓ 読み解きポイント

　本件ではXがAを殺害しようとしたが，その目的は，債務の履行を免れるためというものであった。この点において，単なる殺人（未遂）罪ではなく，強盗殺人（未遂）罪の成否が問題となる。強盗罪は，暴行・脅迫を用いて，財物を奪取する場合（236条1項）だけでなく，財産上の利益を得た場合（同条2項）にも成立し，これを2項強盗罪というが，債務の履行を免れるというのは財産上の利益にあたるからである。そこで本件では，2項強盗罪が成立するかが問われることになる。

　たとえば，被害者が行為者の債務を免除する意思を表示（処分行為）すれば，行為者が債務を免れるという利益を得たことは明確であり，2項強盗罪が成立しうる。しかし本件ではそうした事実はない。他方，借金の取立てに来た人を殺害すれば，債務を免れたというふうにもみえるが，直ちに2項強盗罪が成立するわけでもない。その人を殺害したからといって必ずしも法律上債務が消滅することにはならないからである。ところが，本判決は，債務を免れる目的で債権者であるAを殺害する行為について2項強盗罪の成立を認めた。その理由に注目して本判決を読み解こう。

*1｜**財産上の利益**
財物以外の財産的利益のこと。たとえば，債務の免除，債権の取得が挙げられる。［財産犯の見取り図］（p.32）参照。

*2｜
［財産犯の見取り図］参照。

📖 判決文を読んでみよう

　「236条2項の罪は1項の罪と同じく処罰すべきものと規定され1項の罪とは不法利得と財物強取とを異にする外，その構成要素に何らの差異がなく，1項の罪におけると同じく相手方の反抗を抑圧すべき暴行，脅迫の手段を用いて財産上不法利得するをもって足り，<u>必ずしも相手方の意思による処分行為を強制することを要するものではない。</u>犯人が債務の支払を免れる目的をもって債権者に対しその反抗を抑圧すべき暴行，脅迫を加え，<u>債権者をして支払の請求をしない旨を表示せしめて支払を免れた場合であると，右の手段により債権者をして事実上支払の請求をすることができない</u>

Point

状態に陥らしめて支払を免れた場合であるとを問わず，ひとしく右236条2項の不法利得罪を構成するものと解すべきである。」

> **⇩ この判決が示したこと ⇩**
>
> 2項強盗罪の成立において，債権者の処分行為を強制する必要はなく，債権者が債務の履行を請求できない状態にして事実上債務を免れれば足りるとした。

解説

Ⅰ. 処分行為の不要性

　財物を客体とする1項強盗罪の成立には，被害者による処分行為は必要とされていない（被害者が知らない間に財物を奪っても成立する）。それでは，2項強盗罪ではどうか。財産上の利益の移転を認めるために，被害者による処分行為が必要であろうか。大審院明治43年判決は，処分行為を必要としていた。しかし本判決は，その判例を明示的に変更して，処分行為を不要としたのである。強盗罪の成立には，被害者が反抗を抑圧されていることが必要であるが，反抗を抑圧されている場合には処分行為を行うことができないと考えられる。そのため，不要説が通説とされている。

Ⅱ. 債権行使の困難化と財産上の利益の取得

　そうだとすれば，債務を免れる目的で債権者に暴行・脅迫を加えたという場合，債務を免除するという被害者の意思表示（処分行為）の有無を問わず直ちに，2項強盗罪が成立してしまうことにはならないだろうか。しかし，「財産上不法の利益を得」た場合に成立する罪であるから，財産上の利益を取得したといえることが必要である。そこで，いかなる場合に財産上の利益を取得したといえるのかが問われる。本件は，金銭貸借の詳細をXとAのみが知っていたという状況であった。Aを殺害すれば，事実上債務の履行を免れることができる。本判決は，この場合でも2項強盗罪が成立するとし，Aの殺害行為が2項強盗罪の実行行為にあたるとしたのである。ほかにもたとえば，タクシー代金の支払を免れるために，運転手に暴行・脅迫を加えて逃走した場合には，2項強盗罪が成立する。この場合に2項強盗罪が成立するのは，その行為によって，運転手による代金の請求が著しく困難となり，行為者が事実上債務を免れたといえる結果，財産上の利益を取得したと認められるからである。

　それでは，債権行使の困難さがどの程度のものであれば，財産上の利益を取得したといえるのだろうか。殺害された被害者の相続人などによる場合も含めて，債権の行使が不可能ないし著しく困難になったということまで必要なのであろうか。この点，債務を免れる目的で債権者を殺害したが，帳簿書類によって相続人が債権額を明らかにしえた事案についての裁判例がある。この裁判例では，相続人による債権の行使を不可能ないし著しく困難にした場合に限らず，相続人による速やかな債権の行使を相当期間不可能にしたときにも，財産上の利益を取得したといえるとされた。

*3
大判明治43・6・17刑録16輯1210頁。

*4
［判例**20**］参照。

*5
「事実上」とは，債務が法律上消滅するわけではないという意味である。本判決は，そのような場合でも2項強盗罪が成立するとしたのである。

*6
大阪高判昭和59・11・28高刑集37巻3号438頁。

23 事後強盗罪における「窃盗の機会」

最高裁平成16年12月10日判決（刑集58巻9号1047頁）　　▶百選Ⅱ-42

事案をみてみよう

　被告人Xは，午後0時50分頃，A方に侵入し，居間にあった財布等を窃取して戸外に出た。その後，誰からも発見，追跡されることなく，約1km離れた公園に自転車で向かった。Xは，その公園で盗んだ現金を数えたが，3万円あまりしかなかったため少ないと考え，再びA方に盗みに入ることにして自転車で引き返した。午後1時20分頃，XがA方の玄関の扉を開けたところ，室内に人がいると気づき，扉を閉めて門扉外の駐車場に出たが，帰宅していたAに発見された。Xは，逮捕を免れるため，ポケットからナイフを取り出し，Aに刃先を示し，左右に振って近づき，Aがひるんで後退したすきをみて逃走した。

✓ 読み解きポイント

　通常の強盗罪（236条1項）が，暴行・脅迫をして財物を奪取した場合に成立するのに対して，事後強盗罪（238条）では，窃盗犯人が，同条に定められた目的で暴行・脅迫をすれば，強盗罪と同様に処罰されることとなる。もっとも，窃盗犯人が窃盗後に暴行・脅迫を行えば，すべて事後強盗罪となるわけではない。条文には明記されていないが，事後強盗罪が成立するためには，その暴行・脅迫が，窃盗の犯行現場または「窃盗の機会」の継続中になされなければならないとされる。それでは，本件のように，A方で窃盗を行った後，再び戻ってきたXが，Aに発見されたので，逮捕を免れるためにナイフで脅迫した行為は，事後強盗罪となるだろうか。この点，本判決は，本件脅迫は窃盗の機会の継続中に行われたものではないとした。窃盗の機会の継続中であることを否定した理由に注目して読み解こう。

*1｜事後強盗罪で
　　定められた目的
①財物の取返しを防ぐ
　目的
②逮捕を免れる目的
③罪跡を隠滅する目的

判決文を読んでみよう

Point

　「上記事実によれば，被告人は，財布等を窃取した後，だれからも発見，追跡されることなく，いったん犯行現場を離れ，ある程度の時間を過ごしており，この間に，被告人が被害者等から容易に発見されて，財物を取り返され，あるいは逮捕され得る状況はなくなったものというべきである。そうすると，被告人が，その後に，再度窃盗をする目的で犯行現場に戻ったとしても，その際に行われた上記脅迫が，窃盗の機会の継続中に行われたものということはできない。」

↓ **この判決が示したこと** ↓

　窃盗犯人が誰からも発見，追跡されることなく犯行現場を離れ，その間に，被害者等から容易に発見されて，財物を取り返されるか逮捕されうる状況がなくなったのであれば，再び犯行現場に戻って，脅迫を行ったとしても，それは窃盗の機会の継続中に行われたものということはできないとした。

 解説

I．「窃盗の機会」の意義

　事後強盗罪は，窃盗犯人が所定の目的で被害者に暴行・脅迫を加えた場合に成立するが，それは窃盗後に所定の目的で暴行・脅迫を行うことが，暴行・脅迫により財物を奪取する通常の強盗罪と同視しうるからである。事後強盗罪が通常の強盗罪と同様の違法性を持つものだとすれば，事後強盗罪が成立するためには，当初の窃盗とその後の暴行・脅迫との間に密接な関連性が存在しなければならない。暴行・脅迫が「窃盗の機会」の継続中に行われる必要があるとされるのは，そのためである。

II．「窃盗の機会」の範囲

　問題は，「窃盗の機会」がいかなる範囲で認められるかである。判例は，「被害者等から容易に発見されて，財物を取り返され，あるいは逮捕され得る状況」があれば窃盗の機会であったとする。言い換えれば，犯人が安全な場所に離脱したといえるか否かであり，離脱したといえれば窃盗の機会の継続性が否定される。この判断にあたって，時間的場所的近接性は重要な要素ともいえるが，安全な場所に離脱したといえるのかもあわせて考慮されるから，時間的場所的近接性の有無から直ちに判断できるものでもない。判例で扱われた事案は次の3つの類型に分けられる。

　まず，①窃盗犯人が犯行現場から追跡されている場合（逃走追跡型）では，たとえ時間的場所的近接性が認められなくても，いまだ犯人が安全な場所に離脱したとはいえないため，窃盗の機会の継続性が認められやすい。[*3]

　②窃盗犯人が犯行現場にとどまっていた場合（現場滞留型）では，たとえ時間的近接性が認められなくても，犯人が安全な場所に離脱したとはいえないため，窃盗の機会の継続性が認められやすい。判例でも，被害者方で指輪を窃取した後，犯行現場の真上の天井裏に潜んでいたが，犯行の約1時間後に帰宅した被害者に察知され，犯行の約3時間後に通報により駆けつけた警察官に発見され，逮捕を免れるために警察官をナイフで切りつけた事案について，窃盗の機会の継続性が肯定されている。[*4]

　本件のような，③犯人が犯行現場に舞い戻った場合（現場回帰型）では，時間的近接性が認められなくても，窃盗の機会の継続性が肯定された事案はある。ただ，いったん犯人が安全な場所に離脱したと認められれば，窃盗の機会の継続性が否定される。[*6] 本判決では，誰からも発見・追跡されずに犯行現場を離れてある程度の時間を過ごした点に基づいて，安全な場所に離脱したとの判断がなされたのである。

*2｜

最決平成14・2・14刑集56巻2号86頁参照。

*3｜

たとえば，大判昭和8・6・5刑集12巻648頁は，ぶどう畑でぶどうを窃取した被告人が，追跡してきた被害者を，窃盗の犯行現場から300mほど離れたところで，逮捕を免れるために切りつけて負傷させた事案について，事後強盗傷人罪の成立を認めた。

*4｜

前掲最決平成14・2・14。

*5｜

たとえば，仙台高秋田支判昭和33・4・23高刑集11巻4号188頁。

*6｜

たとえ時間的近接性が認められても，いったん安全な場所に離脱していることを理由に窃盗の機会の継続性を否定した事案として，東京高判平成17・8・16判タ1194号289頁。

事案をみてみよう

　被告人 X は，他の共犯者 4 名とともに，午前 1 時頃，強盗の目的で A 方に侵入した。X と他の共犯者 1 名が，A の息子 C と D に日本刀を突きつけて脅迫する一方，他の共犯者 3 名は A に対し包丁を突きつけ，静かにしろと申し向けて金員を奪おうとした。しかし，A が素早く戸外に脱出し，A の妻 B も騒ぎ立てたため，X らは逃走した。そして，玄関付近で，C と D が追跡してきたため，X は，逮捕を免れるため，C と D の腹部を日本刀で刺し，死亡させた。

読み解きポイント

　本件では，X が C と D を殺害した行為について，それが強盗殺人罪（240条後段）になるのか，それとも殺人罪（199条）は強盗罪（236条1項）とは別に成立するのかが問題となった。

　はじめから財物を奪取する目的で被害者を殺害して財物を奪取した場合に強盗殺人罪が成立することに異論はない。ところが，本件では，強盗をあきらめ，逃走を始めた段階で殺人行為が行われている。このような場合にも強盗殺人罪が認められるのかが問題となる。本判決はその成立を認めたが，その理由に注目して読み解こう。

判決文を読んでみよう

　「刑法第 240 条後段の強盗殺人罪は強盗犯人が強盗をなす機会において他人を殺害することによりて成立する罪である。原判決の摘示した事実によれば，家人が騒ぎ立てたため他の共犯者が逃走したので被告人も逃走しようとしたところ同家表入口付近で被告人に追跡して来た被害者両名の下腹部を日本刀で突刺し死に至らしめたというのである。即ち殺害の場所は同家表入口付近といって屋内か屋外か判文上 明 でないが，強盗行為が終了して別の機会に被害者両名を殺害したものではなく，本件強盗の機会に殺害したことは明である。」

⇩ この判決が示したこと ⇩

強盗犯人が強盗を行う機会に被害者を殺害すれば，強盗殺人罪が成立するとした。

解説

Ⅰ. 強盗致死傷罪の構造

240条が規定する強盗致死傷罪には，死傷結果を故意に引き起こしたわけではない①強盗致傷罪と②強盗致死罪，そして死傷結果を故意に引き起こした③強盗傷人罪と④強盗殺人罪が含まれる。このうちどの罪が成立するかは，発生した結果とその結果に対する認識の有無による。ただ，①から④のすべての罪に共通して，死傷結果がいかなる行為から生じた場合にそれぞれの罪が成立するのかが問題となる。特に被害者が死亡した場合，②④の罪の法定刑が死刑または無期懲役に限られる点で，この問題は重要である。[*1]

Ⅱ. 強盗の機会

死傷結果がいかなる行為から生じたときに強盗致死傷罪は認められるのか。学説では，ⓐ強盗の手段である暴行・脅迫から死傷結果が生じた場合にだけ強盗致死傷罪が成立するとする見解がある（手段説）。これに対して，ⓑ必ずしもそれに限らず，「強盗の機会」に行われた暴行・脅迫から死傷結果が生じた場合にも強盗致死傷罪が成立するとする見解もある（機会説）。[*2]本件の殺人行為は強盗の手段として行われたものではないから，本判決は，機会説の立場を明確にしたものといえる。もっとも，強盗の機会も無限定ではない。たとえば，強盗に際して共犯者同士でけんかをし，他方の共犯者に死傷結果を生じさせた場合には，強盗致死傷罪の成立は否定されるであろう。

Ⅲ. 「強盗の機会」の有無

本判決をはじめ，判例は，強盗の機会に死傷結果が生じた場合には強盗致死傷罪の成立を認める。それでは，「強盗の機会」の有無はどのように判断されるのだろうか。

当初の強盗行為と事後の暴行・脅迫に時間的場所的近接性が認められる場合には「強盗の機会」が認められる。たとえば，被告人が被害者のかばんを強取（ごうしゅ）する際，被害者の首をしめて，肥溜めに投げ入れて死亡させた事案において，強取の現場から肥溜めの所在場所まで約2km，三輪トラックで約20分で到着できた場合に，時間的場所的近接性ゆえに「強盗の機会」が認められ，強盗殺人罪が肯定された。[*3]

これに対して，前日に岡山で強取したタバコ2万本が入った木箱を神戸の海岸でひそかに陸揚（りくあ）げする際，警察官に発見されたので，逮捕を免れるために警察官に暴行を加え傷害を負わせた事案においては，岡山での強取と神戸での暴行は時期・場所・態様からいって別個の機会になされたものとして，強盗傷人罪の成立が否定され，強盗罪と傷害罪（204条）（と公務執行妨害罪〔95条1項〕）の成立が認められた。[*4]

本件は，Xの強盗行為とC・Dに対する殺人行為との間に時間的場所的近接性がある事案であった。そのため，殺人行為は強盗の機会になされたものと認められ，強盗殺人罪が成立するとされたのである。[*5]

Introduction

Contents

詐欺罪・恐喝罪

友達の赤エンピツくんから，こんな問題が送られてきた。

次の**Ⅰ**〜**Ⅲ**のうち，詐欺罪が成立しないものはどれか（ひとつとは限らない）。

Ⅰ Xは，代金を支払うつもりがないのに定食屋で焼き魚定食を注文し，店主Aの提供した焼き魚定食を完食した。その後，Xは，代金を支払わずに黙って定食屋から逃げようとしたが，Aにみつかってしまった。

Ⅱ Yは，宝石店で指輪を試着していた際，火事でもないのに「火事だ」と叫び，店員Bが慌てて火元を確認している間に，指輪を持ち去った。

Ⅲ Zは，タクシーに乗って目的地で降りる際，財布を忘れたことに気づいたので，「エンジンから煙が出ている」と嘘をつき，運転手Cがエンジンの様子を確認している間に，代金を支払わずに逃走した。

嘘をついて物や利益を得たからといって詐欺罪になるとは限らないということらしい。赤エンピツくんがくれたヒントは，「処分行為」。赤エンピツくんは，「処分行為が詐欺罪の特徴だ」と言っていた。それに，「恐喝罪にも同じ特徴がある」とも言っていた。どういうことだろう。答えは解説の中で。

（詐欺）
246条 ① 人を欺いて財物を交付させた者は，10年以下の懲役に処する。
② 前項の方法により，財産上不法の利益を得，又は他人にこれを得させた者も，同項と同様とする。

（恐喝）
249条 ① 人を恐喝して財物を交付させた者は，10年以下の懲役に処する。
② 前項の方法により，財産上不法の利益を得，又は他人にこれを得させた者も，同項と同様とする。

1. 詐欺罪・恐喝罪の特徴

詐欺罪（246条）と恐喝罪（249条）は，窃盗罪（235条）や強盗罪（236条）と同じ移転罪[*1]であるが，窃盗罪や強盗罪とは違う特徴も持っている。

窃盗罪と強盗罪では，「被害者の意思に反して」財物・利益が移転する。窃盗罪の窃取は，被害者の意思に反して占有を移転させることを意味するし，強盗罪は，被害者の反抗を抑圧するに足りる程度の暴行・脅迫を用いて財物や利益を奪う罪だからである。

これに対し，詐欺罪は，被害者が自分の意思で（だまされて錯誤に陥っているため不十分な意思ではあるが）財物・利益を犯人側に移転させる点に特徴がある。[*2]また，恐喝罪では，反抗を抑圧するに至らない程度の暴行・脅迫（恐喝行為）が用いられるので，強盗罪と違って，被害者の意思に反して財物・利益が移転するわけではない。むしろ，恐喝罪では，被害者が自分の意思で（脅されて畏怖しているので，やはり不十分な意思では[*3]

あるが）財物・利益を移転させている。このように，詐欺罪と恐喝罪では，「被害者の意思に基づいて」財物・利益が移転するのである。

2. 詐欺罪・恐喝罪の成立要件

詐欺罪や恐喝罪において，被害者が錯誤や畏怖に基づいて財物・利益を移転させる行為を処分行為と呼んでいる。詐欺罪と恐喝罪では，この処分行為がなされたことが^{*4}成立要件となる。

そこで，詐欺罪が成立するためには，①欺く行為（欺罔行為）→②被害者の錯誤→③錯誤に基づく処分行為→④財物・財産上の利益の移転という4つの要素がそれぞれ因果関係を有していることが必要となる。恐喝罪の場合は，詐欺罪の成立要件のうち，「欺く行為」を「恐喝行為」に，「錯誤」を「畏怖」に置き換えて，①恐喝行為→②被害者の畏怖→③畏怖に基づく処分行為→④財物・財産上の利益の移転がそれぞれ因果関係を有することが，成立要件となる。

なお，主観的要件として故意と不法領得の意思が必要となるのは，窃盗罪や強盗罪と同じである。

赤エンピツくんの問題の事例❶では，Xが代金を支払うつもりがないのに定食を注文した行為が欺く行為であり（①），Aが錯誤に陥って（②），定食をXに提供した行為が処分行為であり（③），Xがこれを食べたことにより定食という財物の占有がXに移転した（④）。このように，Xには1項詐欺罪が成立する。なお，Xが定食を食べた時点で1項詐欺罪は既遂に達しているので，その後Xが逃げようとしてAにみつかったからといって1項詐欺罪の成立が否定されるわけではない［→判例 26］。

これに対し，事例❷では，たしかに，Yは嘘をついているが，Bは，指輪という財物の占有をYに移転させる処分行為を行っていない。むしろ，指輪の占有は，Bが^{*5}火元を確認している間にBの意思に反してYに移転しており，窃盗罪が成立する。

事例❸でも，Zは嘘をついているが，Cは「代金は払わなくていい」と承諾するなどの処分行為はしていない。ただ，事例❷と違って，財物の占有移転はないので，窃盗罪は成立しない。Zは，乗車代の支払の免脱という財産上の利益をCの意思に反^{*6}して取得した。したがって，2項詐欺罪は成立せず，利益窃盗として不可罰となる。

3. 詐欺罪・恐喝罪の論点

実際には，処分行為があったといえるかが微妙な事例も多い［→判例 25］。赤エンピツくんの問題からもわかるように，処分行為があったかどうかは，客体が財物の場合は窃盗罪か1項詐欺罪かの違いにすぎないが，客体が財産上の利益の場合は無罪か有罪かの違いになるので，大きな問題となる。

処分行為とは別に，詐欺罪における財産的損害とは何かという論点もある。詐欺罪は，財産犯である以上，財産的損害の発生が必要とされるが，財産的損害の内容について以前から見解が対立している［→判例 27，判例 28，判例 29，判例 30］。

また，恐喝罪については，権利行使と恐喝という論点もある［→判例 31］。債権者が債務者を脅して債務を弁済させた場合にも恐喝罪が成立するかという問題である。

*1｜移転罪

財物の占有や財産上の利益の移転を内容とする犯罪類型。［財産犯の見取り図］(p. 32) 参照。

*2｜

このように錯誤に陥るなどして完全に任意ではない不十分な意思のことを「瑕疵ある意思」という。

*3｜畏怖

怖がること。

*4｜

財物が客体の場合には，処分行為のことを「交付行為」と呼ぶこともある。また，財物だけでなく利益が客体の場合も含めて「交付行為」と呼ぶ見解もある。

*5｜

厳密にいうと，Yの行為は，処分行為に向けられていないので，欺く行為ではないということになる。［判例27］参照。

*6｜

［財産犯の見取り図］*6参照。

<table>
<tr><td>

25

</td><td>

詐欺罪における財産上の利益の取得

最高裁昭和30年4月8日判決（刑集9巻4号827頁） ▶ 百選Ⅱ-56

</td></tr>
</table>

🔍 事案をみてみよう

　りんごの仲買業をしていた被告人Ｘは，りんご500箱をＡに売る契約を締結し，その代金62万5000円[*1]をＡから受け取った。しかし，Ｘは，期限が過ぎてもりんごを引き渡さなかったため，Ａから何度も督促を受けた。そこで，Ｘは，履行の意思がないのにＡを駅に案内し，関係のない貨車を見せて，りんご500箱の発送手続が完了したかのように装った。Ａは，それを信じ，安心して帰宅した。

✅ 読み解きポイント

　本件では，ＸがＡをだまして，りんごの引渡しを免れた行為について，2項詐欺罪（246条2項）が成立するかどうかが争われた[*2]。2項詐欺罪が成立するためには，①他人を欺いて（欺罔して），②錯誤に陥れ，③処分行為を行わせ，④財産上の利益を取得することが必要である。第1審と控訴審は，Ｘの行為はこれらの要件をすべて満たすとして，2項詐欺罪の成立を肯定した。

　しかし，本判決は，第1審と控訴審判決を破棄して第1審に差し戻した[*3]。本判決は，処分行為と財産上の利益の取得に関する第1審と控訴審の審理は不十分であるとしたのである。本判決は，なぜそのように考えたのだろうか。

📖 判決文を読んでみよう

　「⑴第1審判決の確定するところは，被告人の欺罔の結果，被害者Ａは錯誤に陥り，『安心して帰宅』したというにすぎない。同人の側にいかなる処分行為があったかは，同判決の明確にしないところであるのみならず，⑵右被欺罔者の行為により，被告人がどんな財産上の利益を得たかについても同判決の事実摘示において，何ら明らかにされてはいないのである。同判決は，『因て債務の弁済を免れ』と判示するけれども，それが実質的に何を意味しているのか，不分明であるというのほかはない。あるいは，同判決は，Ａが，前記のように誤信した当然の結果として，その際，履行の督促をしなかったことを，同人の処分行為とみているのかもしれない。しかし，⑶すでに履行遅滞の状態にある債務者が，欺罔手段によって，一時債権者の督促を免れたからといって，ただそれだけのことでは，刑法246条2項にいう財産上の利益を得たものということはできない。その際，債権者がもし欺罔されなかったとすれば，その督促，要求により，債務の全部または一部の履行，あるいは，これに代りま

Point

[*1]
現在の価値に換算すると，およそ630万円となる。

[*2]
Ｘは，最初からＡをだますつもりでＡと売買契約を締結して代金を受け取ったわけではないので，現金という財物を客体とする1項詐欺罪（246条1項）は成立しない。Ｘは，代金を受け取った後に，Ａをだまして，りんごの引渡しを免れようとした。りんごの引渡しを免れるということは，売買契約に基づく債務の履行を免れるということであるから，財物ではなく財産上の利益の取得である。そこで，Ｘは，財産上の利益を客体とする2項詐欺罪で起訴されたのである。

[*3] **破棄差戻し**
第1審，控訴審の判決を取り消し，第1審，控訴審に審理をやり直させるために事件を送り返すこと。

たはこれを担保すべき何らかの具体的措置が，ぜひとも行われざるをえなかったであろうといえるような，特段の情況が存在したのに，債権者が，債務者によって欺罔されたため，右のような何らか具体的措置を伴う督促，要求を行うことをしなかったような場合にはじめて，債務者は一時的にせよ右のような結果を免れたものとして，財産上の利益を得たものということができるのである。ところが，本件の場合に，右のような特別の事情が存在したことは，第1審判決の何ら説示しないところであるし，記録に徴しても，そのような事情の存否につき，必要な審理が尽されているものとは，とうてい認めがたい。」

⇩ この判決が示したこと ⇩

　債務者が債権者を欺罔して一時的に債権者の督促を免れた場合に，それが財産上の利益の取得であるというためには，債権者がもし欺罔されていなければ債務の履行等を求める具体的措置を行っていたはずだったのに，欺罔されたためにそれをしなかったといえる特段の情況が必要であることを示した。

解説

Ⅰ．処分行為

　上記のように，2項詐欺罪の成立には，被害者の処分行為が必要である。他人を欺いて財産上の利益を取得したとしても，被害者の処分行為がなければ，2項詐欺罪は成立しない。[*4] Xは，関係のない貨車をAに見せて，りんごの発送手続が完了したかのように装い，Aはそれを信用したのであるから，Xは，Aを欺いて錯誤に陥らせたとはいえるかもしれない。それでは，Aの処分行為はあったといえるのだろうか。

　処分行為とは，被害者が財産上の利益を移転させることである。本件でいうと，仮にAがXにだまされて「りんごは引き渡さなくていい」と言ったとすれば，Aが明確に処分行為をしたといえる。しかし，第1審はAが「安心して帰宅した」としか認定しておらず，本判決は，それだけではAによる処分行為があったかどうかが明確でないとした（Point-1）。

Ⅱ．財産上の利益の取得

　さらに，本判決は，第1審の認定では，財産上の利益の取得があったかどうかも明確でないとした（Point-2）。たしかに，Xは，無関係な貨車をAに見せて一時的にAの督促を免れている。しかし，本判決は，債務者が債権者を欺いて一時的に債権者の督促を免れたことが財産上の利益の取得といえるためには，債権者が債務者に債務の履行等を求める具体的な措置をとることが予定されており，債務者が債権者を欺いてその措置を免れたといえる（たとえば，Aはすぐにでもりんごの引渡しを求める訴えを起こす予定だったが，Xに無関係な貨車を見せられたために訴えを起こすのを思いとどまり，その結果，Xはしばらくの間りんごを引き渡さずにすんだ）ことが必要である（Point-3）が，第1審ではその点についての審理が尽くされていないとしたのである。[*5]

*4 |
このような場合は利益窃盗と呼ばれ，不可罰である。［財産犯の見取り図］（p. 32）参照。

*5 |
どのような場合に財産上の利益を得たといえるかは，2項強盗罪においても問題となる（［判例22］）。

事案をみてみよう

　被告人Ｘは，所持金がなく，代金を支払う意思がないのに，そのことを告げずに，Ａ方の料亭において飲食と宿泊をした。その後，Ｘは，自動車で帰宅する知人を見送るとＡに嘘をつき，飲食と宿泊の代金を支払わずにそのまま逃走した。

> ### 読み解きポイント
>
> 　本件は，無銭飲食・宿泊の事案である。無銭飲食・宿泊には，①最初から代金を支払う意思がないのに飲食や宿泊を申し込んで飲食や宿泊をする場合（第1類型）と，②飲食や宿泊をした後に初めて代金の支払を免れる意思が生じて代金を支払わずに逃走する場合（第2類型）がある。いずれの類型においても，特に詐欺罪（246条）の成立が問題となるが，1項詐欺罪か2項詐欺罪か，どの時点で既遂に達するかなどの点については，それぞれの類型において異なる考慮が必要となる。本件は，どちらの類型なのだろうか。
>
> 　また，詐欺罪の成立には被害者の処分行為が必要であるが，本決定は，その処分行為の内容にも言及している。この点にも着目してみよう。

決定文を読んでみよう

　「⑴詐欺罪で得た財産上不法の利益が，債務の支払を免れたことであるとするには，相手方たる債権者を欺罔して債務免除の意思表示をなさしめることを要するものであって，単に逃走して事実上支払をしなかっただけで足りるものではないと解すべきである。されば，原判決が『……飲食，宿泊をなした後，自動車で帰宅する知人を見送ると申欺いて被害者方の店先に立出でたまま逃走したこと』をもって代金支払を免れた詐欺罪の既遂と解したことは失当であるといわなければならない。しかし，⑵第1審判決の確定した本件詐欺事実は『被告人は，所持金なく且代金支払の意思がないにもかかわらず然らざるものの如く装って……Ａ方に於て……宿泊1回飲食3回をなし……逃亡してその代金合計3万2290円[*1]の支払を免れたものである』というのであるから，逃亡前すでにＡを欺罔して，代金32290円に相当する宿泊，飲食等をしたときに刑法246条の詐欺罪が既遂に達したと判示したものと認めることができる。されば逃走して支払を免れた旨の判示は，本件犯罪の成立については結局無用の判示というべく，控訴を棄却した原判決は結局正当である。」

*1|
現在の価値に換算すると，およそ21万円となる。

⇩ この決定が示したこと ⇩

　代金支払の意思がないのにあるように装って宿泊や飲食をしたときには，宿泊や飲食をした時点で詐欺罪の既遂が認められることを示した。さらに，本件の結論には影響しないが，単に逃走して事実上支払を免れただけでは被害者の処分行為があったとはいえないことも示した。

解説

I．無銭飲食・宿泊の類型

1 ▸▸ 第 1 類型と第 2 類型

　第 1 類型のうち，無銭飲食の場合は 1 項詐欺罪，無銭宿泊の場合は 2 項詐欺罪がそれぞれ成立する。最初から代金を支払う意思がないのに飲食や宿泊を申し込んだときは，他人を欺いて財物（飲食物）や財産上の利益（宿泊）を得たといえるからである。

　一方，第 2 類型では，最初は無銭飲食・宿泊をするつもりはないから，他人を欺いて飲食物という財物を得たとか，宿泊という財産上の利益を得たとはいえない。第 2 類型の特徴は，代金の支払を免れるところにある。代金の支払の免脱は財産上の利益といえるから，店員等を欺いて代金の支払を免れたときに，2 項詐欺罪が成立する。

2 ▸▸ 既遂時期

　第 1 類型では，飲食や宿泊をすれば財物や財産上の利益を取得したといえるから，その時点で詐欺罪は既遂に達する。これに対し，第 2 類型の場合は，店や旅館から逃走するなどして代金の支払を免れたときに既遂に達する。逆に，逃走に失敗して代金の支払を免れることができなかったときは，2 項詐欺罪は未遂にとどまる。

　第 1 審の認定によると，X は最初から代金の支払意思がないのに飲食や宿泊を申し込んだのであるから，本件は第 1 類型にあたる。したがって，本判決のいうように，X が飲食や宿泊をした時点で詐欺罪は既遂に達するから，その後，X が代金の支払を免れたかどうかは，詐欺罪の成立の有無には影響しない（Point-2）。

II．2 項詐欺罪における処分行為

　2 項詐欺罪の成立には被害者の処分行為が必要であるから，第 2 類型で 2 項詐欺罪が成立するためには，被害者の処分行為によって代金の支払を免れたといえなければならない[*2]。本決定は，処分行為として「債務免除の意思表示」が必要であるとした（Point-1）。これを文字どおりに理解すると，第 2 類型で 2 項詐欺罪が成立するのは，だまされた店員が「お支払は結構です」と言った場合などに限られることになる。

　しかし，たとえば，客が「家に財布を取りに戻る」と偽って逃走した場合，店員は債務そのものを免除したわけではないが，この場合にも 2 項詐欺罪の成立を認めるほうが常識的であろう。そこで，実際には，処分行為の内容は，もう少しゆるやかに解されている。その後の裁判例でも，客が事実上代金を支払わなくてすむ状態になることを店員が承諾すれば処分行為が認められ，2 項詐欺罪の成立が肯定されている[*3]。

＊2

処分行為によらずに代金の支払を免れた場合は，2 項詐欺罪は成立せず，利益窃盗として不可罰となる。[財産犯の見取り図]（p. 32）参照。

＊3

東京高判昭和33・7・7高刑裁特5巻8号313頁は，「今晩必ず帰ってくる」と欺いて旅館を立ち去り，宿泊代を免れた事案について，黙示的な支払猶予の意思表示があったとして，2 項詐欺罪の成立を認めている。

27

価格相当な商品の提供

最高裁昭和34年9月28日決定（刑集13巻11号2993頁）　　　　　▶百選Ⅱ-48

👓 事案をみてみよう

　被告人Xは，医師や県知事指定の電気医療器販売業者を装い，Aほか16名から，ドル・バイブレーター（電気あんま器）の売買の代金等としてそれぞれ2200円から[*1]2400円を受け取った。そのドル・バイブレーターは本当は電気器具店等で一般に市販されていて誰でも容易に入手可能であるのに，Xは，Aらに対し，運動障害等に特効がある新しい特殊治療器で，一般には入手困難な高価なものであると偽っていた。ただし，そのドル・バイブレーターの小売価格は，2100円程度だった可能性があった。

*1｜
現在の価値に換算すると，およそ1万2600円となる。

☑ 読み解きポイント

　詐欺罪（246条1項）は，単に嘘をつくという罪ではなく，財産罪のひとつである。そのため，詐欺罪の成立には，他人に嘘をつくことによって，財産的な意味での損害（財産的損害）を与える必要があるとされている。

　たしかに，XはAらに嘘をついて代金等を支払わせた。しかし，Aらは，約2000円をXに支払った代わりに，約2000円の商品をXから受け取っていた可能性がある。そうだとすれば，Aらにとっては「±0」であるともいえる。そこで，本件では財産的損害は発生しておらず，詐欺罪は成立しないのではないかが争われた。

\ Point /

📖 決定文を読んでみよう

　「たとえ価格相当の商品を提供したとしても，事実を告知するときは相手方が金員を交付しないような場合において，ことさら商品の効能などにつき真実に反する誇大な事実を告知して相手方を誤信させ，金員の交付を受けた場合は，詐欺罪が成立する。そして本件の各ドル・バイブレーターが所論のように……その小売価格が2,100円であったとしても，……被告人は判示A外16名に対し判示のごとき虚構の事実を申し向けて誤信させ，同人らから右各ドル・バイブレーターの売買，保証金などの名義のもとに判示各現金の交付を受けたというのであるから，被告人の本件各所為が詐欺罪を構成するとした原判示は正当」である。

⇩ この決定が示したこと ⇩

たとえ価格相当の商品を提供したとしても，真実を告知すれば相手方が金員を交

付しないような場合には，商品の効能などについて真実に反する誇大な事実を告知して相手方を誤信させ，金員の交付を受けた以上，詐欺罪が成立することを示した。

解説

Ⅰ．形式的個別財産説

相手に渡した物に見合う財産的価値のある物を相手から受け取った場合（相当対価の給付），だまされたとしても，財産的には何も損をしていないようにもみえる。ただ，本決定は，相当対価の給付があっても，ＸがＡらに本当のことを述べていればＡらがＸに代金を支払わなかったといえる限り，詐欺罪の成立を認めてよいとした。

このように，被害者が本当のことを知っていれば交付しなかったといえるときには，その交付自体が財産的損害であるという考え方を形式的個別財産説という。この形式的個別財産説は，以前は通説であった。裁判例においても，本決定をはじめとして形式的個別財産説的な表現を使って詐欺罪の成立を認めるものが多数存在する。[2]

*2 ｜

最大判昭和23・6・9刑集2巻7号653頁，最決平成16・7・7刑集58巻5号309頁など。

Ⅱ．実質的個別財産説

しかし，形式的個別財産説を徹底すると，詐欺罪の成立範囲が広くなりすぎるという批判が強い。たとえば，球団Ｔのファンにだけ販売すると決めているたこ焼き屋の店主Ｐに対し，球団ＧのファンであるＱが「球団Ｔのファンです」と嘘をつき，代金500円を支払ってたこ焼きを購入したとする。Ｐは，Ｑが球団Ｇのファンであると知っていれば決してＱにたこ焼きを渡さなかった。したがって，形式的個別財産説の考え方をそのままあてはめると，Ｑには詐欺罪が成立する。しかし，Ｑは，Ｐに代金を全額支払っており，自分がどの球団のファンかを偽ったにすぎない。このような場合にまで詐欺罪の成立を認めるのは妥当でないように思える。

そこで，損害が発生したかどうかを経済的な観点から実質的に判断すべきであるとする実質的個別財産説が，現在では通説となっている。上の事例でいうと，Ｑがどの球団のファンであろうと，Ｑの支払った500円の価値が変わるわけではない。したがって，どこの球団のファンかを偽ったとしても財産的損害は発生せず，詐欺罪にはあたらない。これに対し，本件のＸは，商品の効能や性質自体を偽っているから，経済的な観点から実質的に判断しても財産的損害が認められるのである。

*3 ｜

大決昭和3・12・21刑集7巻772頁。

*4 ｜

東京地判昭和37・11・29判タ140号117頁。

Ⅲ．判例の立場

判例も，形式的個別財産説に立っているとはいいきれない。医師でないのに医師であるように装って診断し，薬品を定価で販売した事案や，医師の証明書を偽造し，対価を支払って劇薬を購入した事案のように，本当のことを知っていれば被害者は財物を交付しなかったといえる事案において詐欺罪の成立を否定する裁判例がみられるからである。むしろ，裁判所は，これらの事案において，実質的個別財産説と同様に経済的な観点から実質的に判断して財産的損害の発生を否定したと考えられる。[5]

*5 ｜

前者の事案では，被告人は本件と違って薬品の効能や性質を偽ったわけではないし，薬品の販売者が医師でなくても薬品の効能や性質に変わりはない。後者の事案では，偽造の証明書を使って劇薬を購入しても，支払った代金の価値には影響がない。

28

暴力団員による通帳の詐取

最高裁平成26年4月7日決定（刑集68巻4号715頁）

🔭 事案をみてみよう

　暴力団員である被告人 X は，郵便局の局員 A に対し，総合口座利用申込書の「私は，申込書 3 枚目裏面の内容（反社会的勢力でないことなど）を表明・確約した上，申込みます。」と記載のある「おなまえ」欄に自己の氏名を記入するなどして，自己が暴力団員でないものと装い，その申込書を提出して X 名義の総合口座の開設ならびに総合口座通帳とキャッシュカードの交付を申し込んだ。A は，X が暴力団員でないと思い，X 名義の総合口座通帳 1 通を X に交付し，X はこれを受け取った。また，後日，X は，郵送されてきた X 名義のキャッシュカード 1 枚を X 方で受け取った。

☑ 読み解きポイント

　［判例**27**］で述べたように，嘘をついて他人から物を受け取っても，常に詐欺罪（246条1項）が成立するとは限らない。Xは，暴力団員ではないと嘘をついてAから通帳を受け取った。ただ，Xは，偽名を使って通帳を入手しようとしたり，通帳を直ちに犯罪に利用しようとしたりしていたわけではない。暴力団員も顧客であることに変わりはないから，郵便局が通帳を交付する際に，相手が暴力団員かどうかはあまり重要でないようにも思える。それでも，Xに詐欺罪は成立するのだろうか。

📖 決定文を読んでみよう

　「以上のような事実関係の下においては，<u>総合口座の開設並びにこれに伴う総合口座通帳及びキャッシュカードの交付を申し込む者が暴力団員を含む反社会的勢力であるかどうかは，本件局員〔A〕らにおいてその交付の判断の基礎となる重要な事項であるというべきであるから，暴力団員である者が，自己が暴力団員でないことを表明，確約して上記申込みを行う行為は，詐欺罪にいう人を欺く行為に当たり，これにより総合口座通帳及びキャッシュカードの交付を受けた行為が刑法246条1項の詐欺罪を構成する</u>ことは明らかである。」

⬇ この決定が示したこと ⬇

　暴力団員が暴力団員ではないと偽って口座開設ならびに通帳・キャッシュカードの交付を申し込む行為は，郵便局の局員においてその交付の判断の基礎となる重要な

事項を偽る行為であるから，欺く行為にあたり，これによって通帳等の交付を受けたときには詐欺罪が成立することを示した。

👆 解説

Ⅰ. 財産的損害と欺く行為

　[判例27]で学んだように，詐欺罪が成立するためには財産的損害の発生が必要であるとされている。財産的損害の発生は，本来，詐欺罪の結果である。しかし，詐欺罪が成立するかどうかを判断するときには，ふつう，詐欺罪の成立要件のうち，実行行為である「欺く行為」のところで財産的損害の問題を検討することになる。現に，本決定も，「欺く行為」にあたるかどうかを問題としている。それはなぜだろうか。

　欺く行為は，詐欺罪の実行行為である。実行行為とは，結果発生の現実的危険性を有する行為をいう。そのため，「欺く行為」は，財産的損害を発生させる現実的危険性を有する行為でなければならない。たとえ他人に嘘をついて物を受け取ったとしても，その嘘をつく行為が財産的損害を発生させる現実的危険性を有する行為といえなければ，その行為は欺く行為にあたらないのである。[*1]

Ⅱ. 交付の判断の基礎となる重要な事項

　本決定を含め判例においては，欺く行為は，相手方が財物を交付するかどうかを判断する上で基礎となる重要な事項を偽る行為でなければならないとされている。「重要な事項」とは財産的損害の発生に関係する事項を意味すると考えられるから，「交付の判断の基礎となる重要な事項を偽る行為」というためには，財産的損害を発生させるような性質の行為でなければならない。そして，[判例27]で述べた実質的個別財産説[*2]を前提とすると，この点は，経済的な観点から実質的に判断する必要がある。

　ただ，経済的な観点といっても，物の価値や価格だけで決まるわけではない。そのほかにも，取引相手の経営状況や信用性，さらには流行，社会情勢，世論の動向などさまざまな事情が考慮される。また，どのような事情が考慮されるかは，地域や時代によっても変化する。そのため，「交付の判断の基礎となる重要な事項」といえるかどうかの判断は，必ずしも簡単ではない。

　本決定は，口座開設の申込者が暴力団員かどうかは「交付の判断の基礎となる重要な事項」にあたるという判断を示したが，その基礎には，近年，暴力団等の反社会的勢力を排除しようという動きが社会的に強まっているという事情がある。本件は，平成23年に起きた事件であるが，その前の平成19年6月に，政府は，「企業が反社会的勢力による被害を防止するための指針」を策定していた。また，郵便局では，約款や申込み時の対応により，口座開設等申込者が暴力団員かどうかを確認する体制がとられており，郵便局の担当者は，口座開設等申込者が暴力団員であることがわかっていれば通帳等の交付に応じることはなかった。こうしたさまざまな状況をふまえて，本決定は，Xの行為は欺く行為にあたるとして，詐欺罪の成立を認めたのである。[*3]

[*1]
[判例27]の解説で出てきたQの事例でいえば，「どの球団のファンかは財産的損害に関係する事実ではないから，その点を偽る行為は，財産的損害を発生させる現実的危険性を有する行為とはいえない。そのため，Qの行為は欺く行為にあたらず，詐欺罪は成立しない」と説明することになる。

[*2] 実質的個別財産説
詐欺罪における財産的損害が発生したかどうかは経済的な観点から実質的に判断すべきであるとする見解。

[*3]
本件のほか，他人に譲渡する意図を隠して銀行から通帳等の交付を受けた事案（最決平成19・7・17刑集61巻5号521頁），他人を航空機に搭乗させて外国に不法入国させる意図を隠して搭乗券の交付を受けた事案（最決平成22・7・29刑集64巻5号829頁〔百選Ⅱ-50〕），暴力団関係者であることを申告せずにゴルフ場の施設を利用した事案（最決平成26・3・28刑集68巻3号646頁）などで，詐欺罪の成立が認められている。

29

クレジットカードの不正使用

福岡高裁昭和56年9月21日判決（判タ464号178頁）

📈 事案をみてみよう

①購入
申込み
会員　　加盟店
②商品の
提供　　④立
　　　　替払
⑥支払　い　③請求
⑤請求
信販会社

被告人Xは，A店において従業員Bに対し，本当は後日に代金を支払う意思もなく，支払える能力もないのに，そのことを言わずにC信販会社のX名義のクレジットカードを呈示し，腕時計を購入した。

なお，クレジットカードを使って商品を購入する場合のシステムは，以下のとおりである（図参照）。①信販会社との間でクレジット契約を締結している会員（客）が，信販会社との間で加盟店契約を締結している店（加盟店）において，クレジットカードを呈示し売上票にサインして商品の購入を申し込むと，②会員は，その場では代金を支払わなくても加盟店から商品を購入し，商品を受け取ることができる。③後日，加盟店が信販会社にその売上票を提示し代金の立替払いを請求し，④信販会社から加盟店に立替払いがなされる。⑤信販会社は，代金や手数料等の支払を会員に請求し，⑥会員の銀行口座からの振替入金などの形で信販会社に支払がなされる。

*1｜

サインではなく暗証番号の入力が求められる場合もある。また，信販会社と加盟店の契約によって，使用額が一定の金額に満たないときなどにサインも暗証番号の入力も不要とされている場合もある。

✓ 読み解きポイント

Xは，A店に対し，代金の支払意思や支払能力がないのにあるように装って腕時計という財物の交付を受けているから，A店を被害者とする詐欺罪（246条1項）がXに成立することは当然であるようにも思える。しかし，上述したクレジット取引のシステムを前提とすると，たとえ会員（X）が信販会社（C社）に代金等を支払わなくても，加盟店（A店）は信販会社から立替払いが受けられるので，加盟店には財産的損害はなく，加盟店を被害者とする詐欺罪は成立しないと考える余地もある。こうした点に着目しながら，本判決を読み解こう。

📖 判決文を読んでみよう

「会員がカードを呈示し売上票にサインすることは，とりも直さず右利用代金を信販会社に立替払してもらい，後日これを同会社に返済するとの旨の意思を表明したものにほかならず，カードの呈示を受けた加盟店においても，その趣旨で利用客から代金が信販会社に返済されることを当然視して利用客の求めに応じたものと解するのが相当である。(1)若し利用客に代金を支払う意思や能力のないことを加盟店が知れば，クレジットカードによる取引を拒絶しなければならないこと信義則上当然のことであ〔る〕……。……(2)被告人が，本件において，信販会社に対してその立替払金等を支

Point

払う意思も能力も全くなかったのに，クレジットカードを使用した以上，加盟店に対する関係で，右カードの使用（呈示）自体がこれをあるように仮装した欺罔行為と認めるのが相当であり，その情を知らない加盟店から財物の交付を受け……た本件各行為は，詐欺罪に当たると言わなければならない。」

> ⇩　**この判決が示したこと**　⇩
>
> 　会員が信販会社に立替払金等を支払う意思も能力もないのに，加盟店にクレジットカードを呈示して商品の購入を申し込む行為は，加盟店を欺く行為（欺罔行為）であり，加盟店から財物の交付を受ければ詐欺罪が成立することを示した。

解説

I．　他人名義のクレジットカードの不正使用

　クレジットカードの不正使用には，①他人名義のカードを無断で使用して加盟店から商品を購入する事例と，②自己名義のカードを使用して，加盟店に対し支払意思・能力がないのにあるように装って商品を購入する事例がある。本件は②の事例である。

　このうち，①の場合について，加盟店に対する詐欺罪が成立することにあまり争いはない。加盟店は，クレジット取引のシステム上，カードの利用者がカード会員本人であることを確認する義務を課されており，その義務を果たさなかった場合には信販会社から立替払いを受けられない可能性がある。そのため，カードの利用者がカード会員本人であるかどうかは，加盟店にとって商品を交付するかどうかを判断するための基礎となる重要な事項であるといえる。したがって，客がカード会員本人であるかのように装い，他人名義のクレジットカードを使用して商品の購入を申し込む行為は欺く行為[*3]にあたり，それによって加盟店から商品の交付を受ければ詐欺罪が成立する。

II．　自己名義のクレジットカードの不正使用

　これに対し，②の場合については，加盟店に対する詐欺罪の成立を否定する見解もある。加盟店は，カードが有効であることと，カードの利用者がカード会員本人であることさえ確認すればよく，会員に支払意思・能力があるかどうかを確認する義務までは課されていない。そのため，会員に支払意思・能力があるかどうかは，加盟店にとって交付の判断の基礎となる重要な事項にあたらないから，それがあるように装っても欺く行為にあたらないというのが，詐欺罪の成立を否定する見解の主張である。[*4]

　しかし，本判決は，Xには加盟店に対する詐欺罪が成立するとした。仮に加盟店が客に支払の意思や能力がないことを知りながら商品を販売すれば，加盟店は，信義則違反を理由に信販会社から立替払いを拒絶される可能性がある（Point-1）。そうだとすれば，客に支払意思・能力があるかどうかは，加盟店にとっても交付の判断の基礎となる重要な事項であるということになる。したがって，支払意思・能力があるかのように装って加盟店に商品の購入を申し込む行為は欺く行為であるといえ，それにより加盟店から商品の交付を受ければ詐欺罪が成立するのである[*5]（Point-2）。

＊2｜信義則
「信義誠実の原則」の略称。権利の行使や義務の履行の際にはお互いに相手方の信頼を裏切らないように誠実に行動することが求められるという民法上の一般原則である（民1条2項）。

＊3｜
詐欺罪における欺く行為（欺罔行為）は，相手方にとって交付の判断の基礎となる重要な事項を偽る行為でなければならない。〔判例30〕解説も参照。

＊4｜
加盟店に対する詐欺罪ではなく，信販会社に対する詐欺罪の成立を認める見解も有力である。実質的な被害者は，会員から代金等を支払ってもらえない信販会社だからである。この場合，会員は，信販会社から財物をだまし取ったわけではなく，支払の免脱という財産上の利益を取得したから，2項詐欺罪（246条2項）が成立することになる。

＊5｜
東京高判昭和59・11・19判タ544号251頁も，本件と同様の事案において加盟店に対する詐欺罪の成立を認めている。もっとも，最高裁の立場は明らかではない。

30　誤振込みされた現金の払戻し

最高裁平成15年3月12日決定（刑集57巻3号322頁）　　　▶百選Ⅱ-51

事案をみてみよう

　A社は，B名義の口座に約75万円を振り込むことになっていたが，Bの妻がA社に対し，振込送金先として誤ってC銀行D支店のX名義の普通預金口座を伝えてしまったため，A社は，約75万円を上記X名義の口座に振り込んだ。

　被告人Xは，通帳の記載を見て，その入金がA社から誤って振り込まれたものであることに気づいたが，これで自己の借金を返済しようと考え，D支店において，窓口係員に対し，誤った振込みがあったと言わずに，残高が約92万円となっていたX名義の口座から88万円の払戻しを請求し，窓口係員から現金88万円の交付を受けた。

✓　読み解きポイント

　本決定は，Xに詐欺罪（246条1項）の成立を認めた。Xは，A社から誤った振込み（誤振込み）があったことを隠して窓口係員から現金を受け取ったのであるから，Xに詐欺罪が成立することは当然であるようにも思える。

　しかし，話は，そう簡単ではない。民法上は，たとえ誤振込みでも，振り込まれた金額分の金銭を引き出す権利がXに認められているからである[*1]。つまり，Xは，法的に認められた権利を行使しただけともいえる。それにもかかわらずXに詐欺罪が成立するのは，なぜだろうか。

📖　決定文を読んでみよう

　「銀行実務では，振込先の口座を誤って振込依頼をした振込依頼人からの申出があれば，受取人の預金口座への入金処理が完了している場合であっても，受取人の承諾を得て振込依頼前の状態に戻す，組戻しという手続が執られている。また，受取人から誤った振込みがある旨の指摘があった場合にも，自行の入金処理に誤りがなかったかどうかを確認する一方，振込依頼先の銀行及び同銀行を通じて振込依頼人に対し，当該振込みの過誤の有無に関する照会を行うなどの措置が講じられている。

　これらの措置は，普通預金規定，振込規定等の趣旨に沿った取扱いであり，安全な振込送金制度を維持するために有益なものである上，銀行が振込依頼人と受取人との紛争に巻き込まれないためにも必要なものということができる。また，振込依頼人，受取人等関係者間での無用な紛争の発生を防止するという観点から，社会的にも有意義なものである。したがって，(1)<u>銀行にとって，払戻請求を受けた預金が誤った振込</u>

*1
最判平成8・4・26民集50巻5号1267頁は，誤振込みの場合のように，振込みの原因となる法律関係が存在しない場合であっても，受取人と振込先の銀行との間に振込金額分の普通預金契約が成立し，受取人は銀行に対し振込金額分の普通預金債権を取得するとした。

みによるものか否かは，直ちにその支払に応ずるか否かを決する上で重要な事柄であるといわなければならない。⑵これを受取人の立場から見れば，受取人においても，銀行との間で普通預金取引契約に基づき継続的な預金取引を行っている者として，自己の口座に誤った振込みがあることを知った場合には，銀行に上記の措置を講じさせるため，誤った振込みがあった旨を銀行に告知すべき信義則[*2]上の義務があると解される。……そうすると，⑶誤った振込みがあることを知った受取人が，その情を秘して預金の払戻しを請求することは，詐欺罪の欺罔行為に当たり，また，誤った振込みの有無に関する錯誤は同罪の錯誤に当たるというべきであるから，錯誤に陥った銀行窓口係員から受取人が預金の払戻しを受けた場合には，詐欺罪が成立する。」

＊2｜信義則
〔判例29〕＊2参照。

⇩ この決定が示したこと ⇩

　自己の口座に誤振込みがあると知りながら，そのことを隠して預金の払戻しを請求することは，詐欺罪の欺く行為（欺罔行為）にあたり，誤振込みの有無について錯誤に陥った窓口係員から預金の払戻しを受けた場合には，詐欺罪が成立することを示した。

☞ 解説

　〔判例29〕で学んだように，詐欺罪における欺く行為は，相手方にとって交付の判断の基礎となる重要な事項を偽る行為でなければならない。Xが誤振込みであることを告げずに預金の払戻しを請求した行為は，これにあたるだろうか。

　前述したように，民法上，Xは，誤振込みの場合でも振込金額分の金銭の払戻しを受ける権利を有している。したがって，銀行の側からすれば，たとえ誤振込みであることがわかっていたとしても，最終的にはXからの請求に応じて預金を払い戻さなければならないということになる。そこで，誤振込みかどうかは，銀行にとって交付の判断の基礎となる重要な事項ではなく，Xの行為は欺く行為にあたらないとして，詐欺罪の成立を否定する見解も主張されている。

　たしかに，銀行は，誤振込みであることがわかっていても，Xから「どうしても払戻しをしてくれ」と言われれば，「最終的には」その要求に応じざるをえない。しかし，銀行が「すぐに」払戻しをするかというと，そうではない。本決定のいうように，誤振込みであることが判明すれば，銀行としては，銀行の入金処理に誤りがなかったかを確認したり，振込みが誤りだったかどうかを振込依頼人に照会したり，受取人の承諾を得て元の状態に戻す手続（組戻し）をとったりするなどの措置を講じるため，最終的には払戻しが行われないかもしれないし，仮に払い戻すとしても，それまでに多少の時間を要するからである。そして，そのような措置は，振込制度の安全性を維持し，当事者間のトラブルを防止するために，銀行にとって必要なものである。

　そうだとすれば，誤振込みがあったかどうかは，銀行にとって，受取人からの払戻しの請求に直ちに応じるかどうかを判断する上で重要な事項といえる（Point-1）。そのため，本決定は，誤振込みがあったことを告げずに預金の払戻しを請求したXの行為[*3]は欺く行為にあたるとして，詐欺罪の成立を肯定したのである（Point-3）。

＊3｜
Xは，「誤振込みはありません」と窓口係員に積極的に嘘をついたわけではない。しかし，受取人としては，誤振込みがあることを知った以上，銀行に組戻し等の措置を行わせるために，誤振込みがあったことを銀行に告知すべき信義則上の義務（告知義務）があり（Point-2），それにもかかわらず誤振込みの事実を告げずに払戻しを請求すれば，それだけで欺く行為にあたるとされる。

権利行使と恐喝

最高裁昭和30年10月14日判決（刑集9巻11号2173頁）　　　　▶ 百選 II -60

事案をみてみよう

　被告人 X は，A らと株式会社を創立したが，その後 A と不仲になり，会社を退くことになった。その際，X は，「自分は会社のために18万円ほど出資した」と主張して，A から18万円の支払を受けることになり，そのうちの15万円の支払を受けた。しかし，A は残金の支払をしなかったので，X は，被告人 Y・Z・W とともに，A を脅して残金を取り立てることにした。X ら4名は，A に対し，要求に応じないと A の身体に危害を加えるような態度を示し，また，Y，W らは，「俺達の顔を立てろ」などと脅した。A は怖くなり，残額の3万円を含む6万円を X に支払った。

*1
現在の価値に換算すると，およそ182万円となる。

✓ 読み解きポイント

　Xは，Aから3万円の支払を受ける権利を有していたが，Aから現金を脅し取った以上，Xらには恐喝罪（249条1項）が成立するのだろうか。それとも，Xらは正当な権利を行使したにすぎないから，恐喝罪は成立しないのだろうか。
　この問題を検討する際には，総論で勉強した「構成要件該当性→違法性阻却」という検討の順序が重要になる。その点にも注意して本件の解決を考えてみよう。

*2
［総論］参照。

判決文を読んでみよう

Point

　「⑴他人に対して権利を有する者が，その権利を実行することは，その権利の範囲内であり且つその方法が社会通念上一般に忍容すべきものと認められる程度を超えない限り，何等違法の問題を生じないけれども，右の範囲程度を逸脱するときは違法となり，恐喝罪の成立することがあるものと解するを相当とする……。⑵本件において，被告人等が所論債権取立のために執った手段は，……もとより，権利行使の手段として社会通念上，一般に忍容すべきものと認められる程度を逸脱した手段であることは論なく，従って，⑶原判決が右の手段により A をして金6万円を交付せしめた被告人等の行為に対し，被告人 X の A に対する債権額のいかんにかかわらず，右金6万円の全額について恐喝罪の成立をみとめたのは正当であ」る。

⇩ この判決が示したこと ⇩

　権利の実行として財物を脅し取っても，その権利の範囲内であり，かつ，その方法が

社会通念上一般に忍容すべきものと認められる程度を超えないときは，違法でなく，恐喝罪は成立しないが，その範囲や程度を超えるときには違法となり，恐喝罪が成立しうることを示した。

解説

Ⅰ．権利行使と恐喝罪

　権利行使の手段として恐喝行為を用いたときには，正当な権利行使である以上，恐喝罪は成立しないという見解も存在する。これによると，その場合，犯罪は全く成立しないか，あるいは，せいぜい脅迫という手段を用いた点が違法であるために脅迫罪（222条）が成立するにすぎない。大審院の判例も，このような見解を採用していた。

　しかし，多数説および現在の判例は，権利行使の手段として恐喝行為を用いた場合に恐喝罪の成立する余地を認めている。本判決も，Ｘらに恐喝罪の成立を認めた。構成要件該当性，違法性阻却という順で，その理由をみていくことにしよう。

Ⅱ．構成要件該当性

　249条1項の「人を恐喝して財物を交付させた」とは，①相手方を恐喝し，②それにより相手方が畏怖し，③畏怖に基づいて相手方が財物を交付し，④財物が行為者に移転したという意味である。本件では，①Ｘらが Ａ を脅迫したところ，②Ａ は畏怖し，③6万円をＸに渡し，④Ｘはこれを受け取った。したがって，Ｘらの行為が恐喝罪の構成要件に該当することは否定できない。

Ⅲ．違法性阻却

　ただし，恐喝罪の構成要件に該当する行為であっても，それが正当な権利行使の手段として行われたときには，悪い行為とはいえないので，違法性が阻却されることはありうるというのが通説であり，判例も同様の理解に立っていると考えられる。

　本判決は，違法性阻却の要件として，①権利の範囲内であること，②方法が社会通念上一般に忍容すべきものと認められる程度を超えないことの2つを挙げた（Point-1）。たとえば，友人に10万円を貸したが，返済期限を過ぎても返済しようとしないので，仕方なく「痛い目に遭いたいか」と言って10万円を返済させた場合には，①と②の要件を満たし，違法性が阻却されるといってよいであろう。

　これに対し，本件では，Ｘらは，①Ａに3万円を支払わせる権利しかないのに6万円を脅し取っており，権利の範囲内ではないこと，②要求に応じないと Ａ の身体に危害を加えるような態度をＸら複数の者が Ａ に示した（Ｘらが具体的にどのように Ａ を脅したのかは不明であるが）ため，その方法は社会通念上一般に忍容すべきものと認められる程度を超えていることから，違法であるとされたのである（Point-2）。

　権利の範囲を超えて恐喝が行われた場合は，取得した物全体について恐喝罪が成立する。本件では，正当な権利分3万円を6万円から差し引いた残りの3万円についてのみ恐喝罪が成立するのではなく，6万円全体について恐喝罪が成立する（Point-3）。

*3｜恐喝行為
財物を交付させるために人を畏怖させる（怖がらせる）に足りる程度の脅迫または暴行を加えること。

*4｜
大連判大正2・12・23刑録19輯1502頁。

*5｜
判例は，他人の占有する財物を権利行使として奪った場合について，窃盗罪等の構成要件該当性は肯定しつつも違法性阻却の余地を認めるという解決方法を一般に採用している。この点は，［判例18］においてより鮮明に表れている。

4

Introduction

横領罪・背任罪・盗品等に関する罪・毀棄および隠匿の罪

あなたが友人 A にカメラを貸したところ，A はバイクの修理にお金が必要となり，あなたのカメラをリサイクルショップに売ってしまった。この場合，A には横領罪が成立する。横領罪とはどのような犯罪か，以下でみていくことにしよう。

1. 横領罪

横領罪（252 条）の客体は「物」である。窃盗罪の「財物」と基本的には同じ意味だが，カメラなどの動産に限らず，土地や建物といった不動産も含む［→判例 33］。

「自己の占有する」とは，犯人が支配しているという意味である。エンピツくんの事例のように，A が実際にあずかっている状態が典型例だが，こうした事実的支配に限らず，登記などによる法律的支配も含む［→判例 33］。また，「占有」は委託信任関係に基づいていなければならない。あなたが A に行ったように，いわば「信頼してあずける」という関係がなければならないのである。[*1]

「他人の」とは，犯人以外の者が所有していることをいう。たとえば，エンピツくんの事例におけるカメラはあなたの物，つまり，あなたの所有に属する。このように，ある物が誰の所有に属するのか一見して明白な場合が多いが，慎重な検討を要するケースもある。この **Chapter** では，金銭［→判例 32］，売買の対象物［→判例 33］，不法原因給付物［→判例 34］の所有をめぐる問題について扱う。

「横領」とは，不法領得の意思を実現する一切の行為をいう。簡単にいうと，信頼を裏切って，あずかった物を自分の物のように扱うことである。不法領得の意思は，窃盗罪のところで出てきたが，それとは内容が異なることに注意したい[*2]［→判例 35］。

[*1]
ベランダに飛んできた隣人の洗濯物のように，たまたま支配するに至った場合，委託信任関係は認められない。したがって，洗濯物が欲しくなって自分のものにしても，横領罪は成立せず，せいぜい遺失物等横領罪（254 条）が成立するにとどまる。

[*2]
窃盗罪の不法領得の意思については，III-1のIntroduction（p. 35）参照。

あなたはカレー屋を経営していたが，近くに人気のチェーン店ができて客が来なくなったため，倒産寸前の状態になった。そこで，A 銀行に行き，融資担当者の親友 X に「1000 万円貸してほしい」と頼み込んだ。そのときにはもう経営を立て直せない状況であったにもかかわらず，X はそのことを知りながら，1000 万円の融資に応じてくれた。この場合，友人 X には背任罪が成立する。以下，背任罪についてみていくことにしよう。

2．背任罪

　背任罪（247条）は，他人のためにその事務を処理する者（事務処理者）が，自己の利益を図るなどの目的から，任務に背く行為をして，本人に財産上の損害を加えた場合に成立する犯罪である。ここにいう「他人」および「本人」はいずれも，エンピツくんの事例でいえば，被害者であるＡ銀行のことを指す。

　事務処理者とは，他人（本人）から事務処理を委託された者のことをいう。Ｘのような融資担当者は，事務処理者の典型的な例であるが，いかなる者が事務処理者に含まれうるか，その限界については争いがある［→判例 **36**］。

　背任罪においては，故意に加えて，自己の利益を図る目的，第三者の利益を図る目的，または本人に損害を加える目的を有していたことが成立要件とされている。これら３つを合わせて図利加害目的といい，どれかひとつ認められれば足りる。たとえばエンピツくんの事例では，Ｘに第三者（あなた）の利益を図る目的があったといえる。この図利加害目的の意味内容も，はっきりしないところがあり，争点となっている［→判例 **37**］。

　横領罪と背任罪は成立要件が異なるが，いわば信頼を裏切って財産を侵害するという点において共通性が見られる。両方の犯罪の成立可能性が問題となる事案も見られ，そうした場合に，どのように処理すべきかという問題が生じる［→判例 **38**］。

> 　あなたの知らないＸという人が，夜中にあなたの自家用車（時価 200 万円）をこっそり運び去った。Ｘは，友人Ｙに盗難車の買取業者Ｚを紹介してもらい，Ｚに車を買い取ってもらった。この場合，Ｘには窃盗罪が成立し，ＹとＺには盗品関与罪が成立する。以下では，盗品関与罪について簡単に確認しておこう。

3．盗品関与罪

　盗品関与罪（256条）には，盗品などの無償譲受け（同条１項），および，運搬，保管，有償譲受け，有償処分あっせん（同条２項）がある。エンピツくんの事例におけるＹの仲介行為は有償処分あっせん，Ｚの行為は有償譲受けにあたる。

　それにしても，盗品関与罪が処罰される理由はどこにあるのだろうか。誰のどのような利益が侵害されるであろうか。また１項より２項のほうが，刑がはるかに重いのはなぜだろうか。これらの視点が，判例の事案を読み解く上で，カギになる［→判例 **39**］。

4．毀棄・隠匿罪

　本章では，公衆便所への落書きが建造物損壊罪（260条）にあたるかが問題となった判例を扱う［→判例 **40**］。「損壊」というと，住宅の屋根や壁をショベルカーで破壊するような場合を思い浮かべてしまうが，落書きも含まれるのであろうか。

（横領）
252条　①　自己の占有する他人の物を横領した者は，5年以下の懲役に処する。
②　〔略〕

（業務上横領）
253条　業務上自己の占有する他人の物を横領した者は，10年以下の懲役に処する。

（背任）
247条　他人のためにその事務を処理する者が，自己若しくは第三者の利益を図り又は本人に損害を加える目的で，その任務に背く行為をし，本人に財産上の損害を加えたときは，5年以下の懲役又は50万円以下の罰金に処する。

（盗品譲受け等）
256条①　盗品その他財産に対する罪に当たる行為によって領得された物を無償で譲り受けた者は，3年以下の懲役に処する。
②　前項に規定する物を運搬し，保管し，若しくは有償で譲り受け，又はその有償の処分のあっせんをした者は，10年以下の懲役及び50万円以下の罰金に処する。

（建造物等損壊及び同致死傷）
260条　他人の建造物又は艦船を損壊した者は，5年以下の懲役に処する。よって人を死傷させた者は，傷害の罪と比較して，重い刑により処断する。

32

使途を定めて寄託された金銭

最高裁昭和26年5月25日判決（刑集5巻6号1186頁）　　　　▶ 百選Ⅱ-63

🔍 事案をみてみよう

　被告人 X は，A ら複数の者から製茶の買いつけを依頼され，その購入代金として合計 131 万円の金銭をあずかった。しかし，X は保管中の金銭を，生活費や遊興費など自分の用途に使ってしまった。

*1
現在の価値に換算すると，およそ2424万円となる。

> ### ☑ 読み解きポイント
>
> 　家族に買い物を頼む場合など，使い道を決めた上で金銭をあずけることは，日常的に，よくあることである。このような金銭のことを「使途を定めて寄託された金銭」といい，本件でXにあずけられた金銭もこれにあたる。もっとも，Xが金銭を使い込んだことについて，横領罪（252条1項）の成立が肯定されるためには，この金銭が252条1項の「他人の物」，つまり他人の所有物といえなければならない。しかしながら，民法の一般的な理解によれば，金銭は，原則として，その金銭を占有している人に所有権があるとされている。そうすると，刑法でも，金銭は占有者Xの所有物となり，「他人の物」とはいえなくなるため，横領罪は成立しないことになりそうだが，それでよいだろうか。こうした問題につき，本判決はどのような判断をしているか。この点に注意して読み解こう。

📖 判決文を読んでみよう

　「原判決は所論金銭は製茶買受資金として被告人に寄託されたものであることを認定している。即ち，右金銭についてその使途が限定されていた訳である。そして，かように使途を限定されて寄託された金銭は，売買代金の如く単純な商取引の履行として授受されたものとは自らその性質を異にするのであって，特別の事情がない限り受託者はその金銭について刑法252条にいわゆる『他人の物』を占有する者と解すべきであり，従って，受託者がその金銭について擅に委託の本旨に違った処分をしたときは，横領罪を構成するものと言わなければならない。」

> #### ⬇ この判決が示したこと ⬇
>
> 　本件では，製茶の購入という使い道を決めた上で，現金がXにあずけられている。このように使途を定めて寄託された金銭は，252条1項の「他人の物」にあたるため，異なる用途に使い込んだ場合には，横領罪が成立することを示した。

解説

Ⅰ. 金銭の占有と所有

　本件では，横領罪の成立が肯定されたが，先に述べたように，民法上は金銭の占有と所有は基本的に一致するとされていることとの関係が問題となる。では，そもそも，民法において，なぜこのような取扱いがなされているのであろうか。その理由として挙げられているのが，取引の安全である。もし，取引において，相手が差し出す一万円札や百円玉がその人の所有物とは限らないとすると，ある日どこからか元の所有者がやって来て，「それは私の物だから返せ」と迫られるリスクを常に負うことになりかねない。そうなると，金銭のスムーズなやりとりができず，安心して取引ができなくなる。そのため，金銭の占有者は同時に所有者でもあるとされているのである。^{*2}

　ただ，民法でこうした議論があるとしても，直ちに，「他人の物」ではないとして，横領罪の成立を否定すべきではないだろう。カメラや腕時計のような他の動産が横領罪で保護されるのに，金銭だけが保護されない理由はないからである。このような見地から，本判決は，横領罪の成立を肯定するにあたり，民法上の議論と刑法上の問題を，ひとまず分けて考えている。Ｘに横領罪の成立を認めるためには，金銭が「ＸにとってＡらの物である」といえばよい。つまり，あくまでも刑法上，ＸとＡらの間では，金銭をＡらの所有物として扱えば足りる。このように，判例は，使途を定めて寄託された金銭について，刑法上，当事者間では，寄託者（本件ではＡら）に所有権があるとし，横領罪の成立を肯定する。^{*3}通説も，判例の見解に賛成している。

Ⅱ. 所有権の意味

　もっとも，使途を定めて寄託された金銭の所有権について，指輪やネックレスのような他の動産の所有権と全く同じに考えることもできない。たとえば，Ｐが「ウスターソースを買ってきてほしい」と頼んでＱに千円札を渡したとしよう。この場合，使途を定めて寄託された金銭だから，上で述べたように，金銭の所有権はＰにある。しかし，だからといって，Ｑが寄り道をして，この千円札で，自分のためにコンビニでおでんを購入した後，スーパーに行って，はじめから財布に入っていた一万円札でウスターソースを買い，Ｐにおつりを渡した場合，Ｐの所有物である千円札を使い込んだとして横領罪が成立するのであろうか。ふつうに考えれば，横領罪の成立を認めるべきではないだろう。Ｐも，自分が渡した千円札に，そこまでの個性を見出してはいないはずである。そこで，学説の有力説は，Ｐには「金額についての所有権」があるとする。つまり，千円札に対する所有権があるのではなく，千円分の所有権があるとみるのである。したがって，Ｑには横領罪は成立しないことになる。^{*4}

Ⅲ. 封金の場合

　以上に対し，封金^{*5}の場合には，「金額についての所有権」という考え方はとられていない。封筒の中身の金銭は特定物^{*6}としてあずけられているので，封筒の中に入っているお札や硬貨そのものに対する所有権が寄託者にあると一般に考えられている。^{*7}

*2｜
もっとも，民法の議論においても，金銭の占有者は，常にその所有者でもあるとされているわけではなく，金銭を渡した趣旨・目的などによって，柔軟な取扱いがなされているようである。

*3｜
Ｘに横領罪の成立を認めても，ＸとＡら以外の第三者が不利益を受けるわけではなく，取引の安全が害されるわけではない（別次元の問題とすらいえよう）。

*4｜
一時流用がどの程度許されるかについては，［判例35］参照。

*5｜封金
封がされた封筒に入れられた金銭のこと。

*6｜特定物
具体的な取引にあたって，種類と数量だけを指定するのではなくその個性に着目し指定される物（大辞林より）。

*7｜
封筒の中の現金を使った場合について，横領罪の成立を認める見解と，窃盗罪の成立を認める見解とが対立している。後者の見解は，寄託者の所有のみならず，占有も封筒の中の現金に及んでいるとみるのである。

33

不動産の二重売買と売主の責任

最高裁昭和30年12月26日判決（刑集9巻14号3053頁）

事案をみてみよう

　被告人 X は山林を A に売却したが，所有権移転登記手続がすんでおらず，登記簿[*1]上の名義が X のままであることを利用して，山林をさらに B に売却した。[*2]

> ☑ **読み解きポイント**
>
> 　本件は，不動産の二重売買の事案である。民法でおなじみの事例であるが，刑法上は，第二譲受人Bへの売却につき，Xに横領罪（252条1項）が成立するかが問題となる。もっとも，横領罪は，「自己の占有する他人の物」を横領したときに成立する犯罪である。つまり，他人（A）の物を自己（X）が占有していることが必要となる。では，本件の「物」は山林であるが，これは「他人〔A〕の」物であり，それをXが「占有」していたといえるだろうか。この点に注意して読み解こう。

判決文を読んでみよう

　「不動産の所有権が売買によって買主に移転した場合，登記簿上の所有名義がなお売主にあるときは，売主はその不動産を占有するものと解すべく，従っていわゆる二重売買においては横領罪の成立が認められるとする趣旨は，大審院当時くりかえし判例として示されたところであり，この見解は今なお支持せられるべきものである」。

> ⇩ **この判決が示したこと** ⇩
>
> 　不動産の場合，登記簿上の所有名義人に占有があるといえる。したがって，自己が登記簿上の所有名義人であることを利用して二重売買を行った売主には，横領罪が成立することを示した。

解説

I．他人所有

　252条1項の「他人の」とは，他人所有を意味する。本件では，売買によって山林の所有権が A に移転したことが前提とされており，それ以上の詳しい説明はなされていないが，「売買」とひと口にいっても，契約，物の引渡し，そして所有名義の変更に至るまで，いくつかの段階がある。この点，民法176条によれば，「物権の設定

＊1｜登記
簡単にいえば，不動産の所有者が誰であるか等の事項について，法令の規定に基づいて作成される帳簿（登記簿）に記載をすること。登記をすることで，自分が所有者であることを第三者との関係でも認めてもらえるなど，登記には一定の法律効果が与えられている。

＊2｜

Point

＊3｜
単に売買の意思表示があったというだけで，横領罪の成立を認めた裁判例はないようである。

＊4｜
窃盗罪における「占有」の意味については，III-1のIntroduction（p. 34）参照。

＊5｜
大判昭和7・3・11刑集11巻167頁。

及び移転は，当事者の意思表示のみによって，その効力を生ずる。」とされており（意思主義の原則），特約がない限り，売買契約が成立した時点で所有権は移転するとされている。刑法でも，こうした民法の規定に基本的には従うべきだと一般に考えられている。ただし，所有権は刑法で保護するにふさわしい中身を有していなければならないという理由から，第一譲受人が代金の全部または大部分を支払っている場合にのみ，他人所有であるとして，横領罪の成立を肯定すべきだと考える見解が有力である。[*3]

Ⅱ． 横領罪の占有

次に，Ｘは，山林を「占有」しているといえるか考えてみよう。この問題については，窃盗罪と比べながら，理解を深めることが重要である。[*4] 窃盗罪は，他人が占有する他人所有の財物を自己の占有に移した場合に成立するが，この「占有」は，財物に対する事実的な支配を意味すると考えられている。つまり，「カバンに入れている」とか，「自宅に置いている」といった事実的な支配が「占有」だとされているのである。もちろん，横領罪における「占有」も，貴重品などの動産に関しては，基本的に同じである。たとえば，友人からあずかっている宝石を無断で買取店に売却すれば横領罪が成立するが，この事例では「あずかっている」という事実的な支配が，犯人が宝石に及ぼしている「占有」にほかならない。しかしながら，不動産の横領のケースでは，特殊な考えがとられており，登記簿上の所有名義という法律的な支配が，横領罪の「占有」だとされている。このような考えは，大審院の時代より一貫して採用されてきた立場であり，[*5] 本判決でも確認されたことで，最高裁判例として確立した。[*6]

なお，横領罪の占有は，委託信任関係に基づくものでなければならない。なぜなら，所有者から信頼されて物の管理をゆだねられたのに，それを裏切ったという点に，横領罪の本質が認められるからである。[*7] 本件のような場合，不動産の売主は買主に対し，登記簿上の名義の変更などに協力する義務を負っていることから，委託信任関係は認められる（通説）。本判決もこうした理解を前提にしているとみてよい。

Ⅲ． 不動産の二重売買における横領罪の既遂時期

本判決では言及されていないが，不動産の二重売買における横領の場合，どの時点で既遂に達するかという問題がある。一般に，横領罪は，不法領得の意思を外部に発現させた段階で既遂に達するとされている。[*8] 簡単にいえば，犯人が「自分の物にする」という意思を外部的に明らかにした時点である。先に挙げた宝石の例でいうと，犯人が宝石買取店に対して宝石を売却する意思を示せば，それだけで，不法領得の意思を外部に発現させたといえる。したがって，宝石の引渡しや代金の受取りにまで至らなくても，横領罪は既遂となるのである。しかしながら，不動産の二重売買については，第二譲受人に対して売却する意思を示しただけでは既遂とはならず，第二譲受人に登記が備わった時点で横領罪は既遂に達すると考える立場が有力である。なぜなら，この時点で初めて所有権の侵害が確定的になるからであるとされている。[*9][*10]

*6 ｜
本判決以降の下級審裁判例において，第一譲受人（本件のＡにあたる者）に不動産を引き渡したが，登記簿上の所有名義が売主のままであることを利用して，二重譲渡したという事案で，売主の不動産に対する占有が肯定されている（福岡高判昭和47・11・22判タ289号292頁〔百選Ⅱ-64〕）。このことから，不動産に関しては，事実的な支配ではなく，法律的な支配こそが，横領罪の占有にとって決定的な要素とされていることがわかる。

*7 ｜
Introduction（p. 80）参照。

*8 ｜
最判昭和27・10・17集刑68号361頁参照。判例によれば，横領罪の不法領得の意思とは，委託の任務に背いて，その物につき権限がないのに所有者でなければできないような処分をする意思をいうと定義されている（最判昭和24・3・8刑集3巻3号276頁〔〔判例 **35**〕〕）。

*9 ｜
民法177条によれば，不動産の所有権に関する取得・喪失，変更は，その登記をしなければ，第三者に対抗できないとされている。そのため，第二譲受人が登記を備えるまでは，第一譲受人は第二譲受人に自己の所有権を主張できる。しかし，登記がなされた後は，もはや主張できないため，所有権侵害は確定的になったといえるのである。

*10 ｜
なお第二譲受人に，横領罪の共同正犯が成立する場合もある。

事案をみてみよう

巡査のＡおよびＢは，自己の不正行為を隠ぺいするため，上司である警察官Ｃら
を買収する資金として，被告人Ｘに2万2000円をあずけた[*1]。しかし，Ｘは，そのう
ちの2万円を自己の麻薬の購入代金等に費消した。

*1
現在の価値に換算する
と，およそ89万円となる。

✓ 読み解きポイント

Ｘが保管していた2万2000円は金銭であるが，使用方法を定められているので，
252条1項の「他人の物」にあたり，横領罪の客体になりうる[*2]。しかし，使用目的が，
公務員である警察官Ｃらの買収であることから，「他人の物」にはあたらないので
はないかが問題となる。というのも，こうした贈賄資金は，民法708条の不法原因給
付物にあたり，民法上，ＡらはＸに返還請求することができないとされているからで
ある。このように，民法上，Ａらが返還請求できないことに照らせば，刑法において
も，Ａらの所有物として保護されるべき根拠を失い，もはや「他人の物」とはいえな
いから，横領罪は成立しないのではないか。この点に注意して読み解こう。

*2
使途を定めて寄託され
た金銭が「他人の物」に
あたりうることについて
は，〔判例32〕参照。

📖 判決文を読んでみよう

Point

「不法原因の為め給付をした者はその給付したものの返還を請求することができな
いことは民法第708条の規定するところであるが<u>刑法第252条第1項の横領罪の目
的物は単に犯人の占有する他人の物であることを要件としているのであって必ずしも
物の給付者において民法上その返還を請求し得べきものであることを要件としていな
い</u>のである。そして……原判示によれば被告人は他に贈賄する目的をもって本件金員
を……Ａ及びＢから受取り保管していたものであるから被告人の占有に帰した本件
金員は被告人の物であるということはできない。又金銭の如き代替物であるからとい
って直ちにこれを被告人の財物であると断定することもできないのであるから<u>本件金
員は結局被告人の占有する他人の物であってその給付者が民法上その返還を請求し得
べきものであると否とを問わず被告人においてこれを自己の用途に費消した以上横領
罪の成立を妨げない</u>ものといわなければならない。然らば原判決が右と同一見解の下
に被告人を横領罪として処断したのは正当であ」る。

*3
民法708条
「不法な原因のために
給付をした者は，その給
付したものの返還を請
求することができない。
ただし，不法な原因が受
益者についてのみ存し
たときは，この限りでな
い。」

　民法708条の不法原因給付物は返還請求できないものだが，刑法252条1項では返還請求できるかどうかは要件ではなく，同項の「他人の物」にあたるため，横領罪の客体になりうることを示した。

👆　解説

Ⅰ．本判決の意義と問題点

　本判決では，AらがXに渡した金銭は，民法708条の不法原因給付物で，民法上返還請求できないものだが，刑法252条1項の「他人の物」にあたり，横領罪が成立することが示された。このように不法原因給付物も横領罪の客体にあたりうることは，すでに戦前の大審院が採用していた見解であり[*4]，最高裁もこれに従うことを確認したところに，本判決の意義が認められる。

　もっとも，こうした結論の理由づけについては，よくわからないところもあった。本判決では，Aらから受け取って保管していた金銭だから，Xの物ではない，したがって「他人の物」だ，とされている。はっきりと述べられてはいないが，おそらく，金銭はAらの所有物だから，「他人の物」だ，ということだろう。しかし，そうだとすると，Aらの所有物だが，返還請求はできないという奇妙な事態を認めることになってしまう。仮にそのような事態がありうるとしても，民法上は中身のないAらの所有権を，刑法で保護すべきなのかという疑問も生じる。

Ⅱ．昭和45年の民事判例

　以上のような問題が生じる主たる理由は，民法708条の規定が中途半端な点にある。というのも，不法原因給付物について，元の所有者が返還請求できないことは書かれているが，その結果，誰の所有物になるのかが明確に書かれていないからである。本判決が出された昭和23年当時，この点について明確に述べた民事判例は存在しなかった。しかし，最高裁は，昭和45年大法廷判決において，この問題に決着をつけた[*5]。給付者が不法原因給付物の返還請求ができないことの反射的効果として，受給者に所有権が帰属するという判断をするに至ったのである。

　この判決を前提とすると，本件では，Aらが返還請求できないことの反射的効果として，Xに金銭の所有権が認められる。したがって，Xにとって「他人の物」とはいえないので，Xには横領罪が成立しないことになる。本判決は，昭和45年判決より前の判例であるから，もはや判例としての意義を失った，少なくとも判例として重視することには慎重でなければならない，という見方が，学説上，支持を広げつつある。

　なお，AらはXに金銭をあげたのではなく，あずけたにすぎないから，「給付」したとまではいえず，民法708条の不法原因給付物にはあたらないので，金銭はAらの所有物だとみる有力説もある。しかし，あずけるのは「給付」にあたらないとする見解は，民法学説や民事判例において一般的ではないと批判されている。

[*4]

大判明治43・9・22刑録16輯1531頁など。

[*5]

最大判昭和45・10・21民集24巻11号1560頁。

横領罪における不法領得の意思

最高裁昭和24年3月8日判決（刑集3巻3号276頁）　　　　▶百選Ⅱ-65

🔍 事案をみてみよう

被告人 X は，青森県 A 村の農業会長として，各農家から供 出 米[*1]を集め，政府への売却手続を終えた。そして，政府から出荷の指示があるまで，米を保管する任務にあたっていた。一方，肥料不足への対策として，青森県では，余った米を農業会が集めて，肥料と交換することが認められた。X は，A 村の農家の肥料を確保すべく，すばやく取引を進めるには，余った米を集めてからでは間に合わないと考え，政府からの出荷指示がないのをよいことに，肥料と交換するため，保管していた供出米を取引相手に発送した。不足分は，後で，余った米を農家から集めて補うつもりであった。

✓ 読み解きポイント

X は農家から集めた供出米[*2]を使い込んでいるが，それは自分のためではなく，A 村の農家のためであった。このように自分以外の者のために行う意思の場合にも，「横領した」といえるだろうか。また，X は，後に，余った米を回収して不足分を補うつもりであった。このように後で補塡する意思を有していた場合にも，「横領した」といえるだろうか。これらの点に注意して読み解こう。

📖 判決文を読んでみよう

「横領罪の成立に必要な不法領得の意志[*3]とは，他人の物の占有者が委託の任務に背いて，その物につき権限がないのに所有者でなければできないような処分をする意志をいうのであって，必ずしも占有者が自己の利益取得を意図することを必要とするものではなく，又占有者において不法に処分したものを後日に補塡する意志が行為当時にあったからとて横領罪の成立を妨げるものでもない。……農業会は各農家から寄託を受けた供出米については，政府への売渡手続を終った後，政府の指図によって出庫するまでの間は，これを保管する任務を有するのであるから，農業会長がほしいままに他にこれを処分するが如きことは，固より法の許さないところである。……被告人に横領罪の成立に必要な不法領得の意志のあったことを知ることができる」。

⬇ この判決が示したこと ⬇

横領罪における不法領得の意思とは，「他人の物の占有者が委託の任務に背いて，

---

*1 │ 供出米

深刻な食糧不足にあった本件当時（昭和21年），日本国政府は，決められた金額で米を強制的に買い取り，公平に行きわたらせる政策をとっていた。各農家は農業会に米をあずけ，農業会が政府に売り渡すという方式がとられた。

*2 │

この米が，農家の所有物なのか，すでに政府の所有物なのか，明らかにされていない。そのため，物の委託者や被害者は誰なのかという問題が残されている。この発展的問題については，百選Ⅱ-65を参照してほしい。

Point

*3 │ 不法領得の意思

本判決では，「意志」と書かれているが，「意思」と書くのが一般的である。

その物につき権限がないのに所有者でなければできないような処分をする意思」をいうとした。そして，自分以外の者のために行ったとしても，また，後に不足分を補うつもりであったとしても，不法領得の意思は認められ，「横領した」といえることを示した。

解説

Ⅰ．不法領得の意思の定義

判例・通説によれば，横領とは，不法領得の意思を実現する一切の行為をいうとされている（領得行為説）[*4]。そうすると，横領の意味内容は，不法領得の意思をどのように定義するかにかかってくるのであるが，本判決は，横領罪における不法領得の意思の内容を明確に述べた最高裁判例であり，リーディングケースであるとされている[*5]。

本判決の不法領得の意思の定義について特に注目されるのは，窃盗罪の場合と異なり[*6]，所有者でなければできない処分をする意思があればよいとされている点である。つまり，その物が生み出す効果や利益などを得ようとする意思（利用意思）までは要求されていない。そうすると，たとえば，あずかっている高級かばんを隠すという隠匿（いんとく）の意思による場合でも，横領罪の成立は必ずしも否定されないことになる[*7]。これに対し，学説の多数説は，窃盗罪をはじめとする領得罪の刑が重い理由は，利用意思に求められるとして，横領罪の場合にも，利用意思は必要だとする見解をとっている。

Ⅱ．自分以外の者のためにする意思

すでに戦前の大審院は，社員が自分自身ではなく，会社の利益のために行ったというケースで横領罪の成立を認めていた。本判決において，自分が利益を得ることを意図していない場合にも横領罪は成立するとされた点は，これに従ったものといえる[*8]。学説も，こうした判例の見解に，基本的に賛成している。

Ⅲ．補塡する意思

本件では，すでに保管されていた供出米であろうと，後で集める余った米であろうと，A村でとれた米に変わりはない。よって，どちらの米でも，政府からの要求を満たすことは可能である[*9]。そうすると，政府から出荷の指示があるまでに，米を集めて不足分を補えば，問題は生じないようにも映る。しかし，本判決では，供出米を取引相手に送ったことをもって横領罪が成立し，補塡の意思の存在は関係ないとされた。

たしかに，「後で埋め合わせればよい」と甘く考えて会社の金銭に手をつけたが，結局返せなくなって横領が発覚するというのは，よくある話であり，補塡の意思の存在だけで，横領罪の成立を否定すべきでない。とはいえ，同じ物を大量に所有する者が一時流用した場合に，常に横領罪の成立を認めるのも行きすぎである。そこで，有力説は，確実な補塡の意思に加え，そうした能力がある場合には，横領罪は成立しないとする。これによれば，本件で，仮に，すでに米を集めており速やかに不足分を補える状況にあったとすれば，横領罪は成立しないと解することも可能である。

*4｜
大判昭和8・7・5刑集12巻1101頁，最判昭和27・10・17集刑68号361頁など。

*5｜リーディングケース
先例として強い影響力を持つ判例のこと。指導的判例ともいわれる。

*6｜窃盗罪における
不法領得の意思
権利者を排除する意思（排除意思），および，他人の物を自己の所有物としてその経済的用法に従い利用・処分する意思（利用意思）という2つの意思が必要だとされている（最判昭和26・7・13刑集5巻8号1437頁）。詳細は［判例15］［判例16］参照。

*7｜
実際，物を隠した行為につき，横領罪の成立を肯定した判例もみられる。大判大正2・12・16刑録19輯1440頁。

*8｜
大判大正12・12・1刑集2巻895頁。

*9｜不特定物
具体的な取引にあたって，当事者が取引する物の種類だけを指定して，その個性を問わないもの（大辞林より）。本件の供出米も，不特定物であるといえる。詳しくは，民法の教科書を参照。

36 二重抵当（てい とう）

最高裁昭和31年12月7日判決（刑集10巻12号1592頁）　　　　▶ 百選 II -69

事案をみてみよう

　被告人 X は A との間で，自己が所有する家屋について上限額を 20 万円[*1]とする抵当権設定契約[*2]を締結し，登記に必要な書類を交付した。しかし，A が登記を完了しないうちに，X はそのことを知りながら，B から 20 万円を借りるにあたり，同じ家屋について上限額を 20 万円とする第 1 順位[*3]の抵当権設定契約を締結して登記をした。これにより A の抵当権は後順位の 2 番抵当権になった。

> ### ✓ 読み解きポイント
>
> 　本件は，いわゆる二重抵当の事案である。この場合，XがBにも第1順位の抵当権を設定して先に登記をしたことにつき，Aに損害を与えたとして，背任罪（247条）が成立するであろうか。Xが「他人のためにその事務を処理する者」[*4]といえるかが問題となるが，ここにいう「その事務」とは「他人の事務」[*5]を意味する。本件で，Aに抵当権を設定したという登記をすることは，誰の事務であろうか。もしAの事務であれば「その〔他人の〕事務」にあたり，背任罪は成立する。これに対し，X自身の事務だとすれば「その〔他人の〕事務」にはあたらないため，背任罪にはならない。さらに，Aの抵当権は順位が下がっただけで，消滅したわけではないことから，Aは「財産上の損害」を受けたといえるかも問題となる。これらの点に注意して読み解こう。

判決文を読んでみよう

　「〔上告趣意は，〕被告人の抵当権設定の登記義務は設定者である被告人固有の事務であって他人の事務ではない……と主張する。しかし<u>抵当権設定者はその登記に関し，これを完了するまでは，抵当権者に協力する任務を有することはいうまでもないところであり，右任務は主として他人である抵当権者のために負う</u>ものといわなければならない。」

　「〔上告趣意は，〕原判決は本件犯罪時における本件抵当物件の価額と〔両方の〕抵当による借入債務額との関係を何等審査せず……背任罪の要件たる損害の事実を肯定したのは……違法があると主張する。しかし，抵当権の順位は当該抵当物件の価額から，<u>どの抵当権が優先して弁済を受けるかの財産上の利害に関する問題であるから，本件被告人の所為たるAの一番抵当権を，後順位の二番抵当権たらしめたことは，既に刑法247条の損害に該当する</u>ものといわなければならない。」

*1｜
現在の価値に換算すると，およそ132万円となる。

*2｜抵当権
土地や建物を借金の担保とする場合などに設定される。契約どおりに借金の返済が受けられない場合，抵当権を持つ者は，土地や建物の売却代金から優先的に弁済を受けることができる。抵当権者（本件ではA）は，登記を備えなければ，抵当権を設定したことを第三者に対して主張することはできない。（登記については，〔判例 33〕*1参照。）

Point

*3 | 抵当権の順位

ひとつの土地や建物に複数の抵当権を設定することも可能である。この場合，抵当権は順位づけられ，第1順位から順番に優先弁済を受ける。不動産の時価が下落した場合など，順位の低い者ほど，弁済が受けられなくなる可能性が高くなる。順位は登記の順によって決まる。

⇩ この判決が示したこと ⇩

　抵当権設定者（X）が，登記について抵当権者（A）に協力する義務は，主として他人（A）のために負うものであるから，他人の事務といえる。そして，優先的に弁済を受ける地位を失うことは，それ自体「財産上の損害」といえる。したがって，二重抵当の場合，抵当権設定者に背任罪が成立しうることを示した。

*4 |

本件のような二重抵当の場合，所有者が抵当権設定者（本件ではX）であることに変更は生じないことから，そもそも物件は「他人の物」ではない。したがって，〔判例33〕のような二重売買の事例とは異なり，横領罪は問題とならず，背任罪の成立可能性が問題となる。

 ## 解説

I．他人の事務

　本件では，Xが「Aのために Aの事務を処理する者」といえるかが問題となっているわけであるが，言い換えれば，XとAの間に「対内関係」が存在するかが問われているといえる。[*6] 背任罪が成立する典型的なケースは，代理人Xが依頼人Aを裏切って，取引の相手方Bに有利な契約を結ぶような場合，あるいは，金融機関Aの融資担当者Xが，返済の見込みがない友人Bに多額の金銭を貸し出すような場合である。これらの事例では，損害を受けるAと犯人Xが，ともに同じ陣営にいて，その内部でXが任務に背いてAに損害を与えるという構図になっている。こうした「対内関係」の図式が認められるときに，他人の事務を処理する者といえるのである。

　これに対し，「対向関係」の場合には，他人の事務を処理する者とはいえないため，財産上の損害を発生させても背任罪は成立しない。[*7] その典型例は債務不履行である。たとえば，XがAとの間でテレビの売買契約を結び，Aからテレビの引渡しを受けたが，代金30万円を支払わないまま，夜逃げしたとしよう。この場合，たしかにAは損害を受けている。しかし，XとAは，それぞれ買主・売主という立場で向き合って立つ「対向関係」にある。代金の支払や物の引渡しは，各自の事務として，各自において処理される（感覚的にも，代金の支払を売主の事務というのは奇妙であろう）。このように「対向関係」の図式の場合，各当事者は自己の事務を処理する者にすぎない。

　本判決は，抵当権設定者は他人の事務を処理する者にあたるとしていることから，抵当権設定者Xと抵当権者Aは「対内関係」にあるとみていると思われる。ただ，理由は明確に述べられていないし，本判決にみられる思考が，類似の事案にどの程度及ぶのかも，はっきりしない。これに対し，学説上は，売買の事例と同様，XとAは「対向関係」にあること，処罰範囲が広がりすぎることへの不安から，背任罪の成立を否定する立場も有力に主張されている。

*5 |

247条にいう「他人」と「本人」は，いずれも，本件でいうとAのことである。また「事務」という言葉はオフィスワークを連想させるが，ここではもう少し広い意味で，さしあたり「なすべきこと」とでも理解しておくとよい。

*6 | 対内関係のイメージ

〔A〕→〔X〕←→〔B〕

*7 | 対向関係のイメージ

〔A〕←→〔X〕　　〔B〕

II．財産上の損害

　本判決では，Aの1番抵当権が2番抵当権になったこと，つまり優先弁済を受ける地位を失うこと自体が損害であるとされている点も重要である。物件の価値が高く，Aがいずれにせよ十分に弁済を受けられるような状況にあったという場合，Aには何ら損害がないとも考えられるが，そうした事情は，そもそも考慮されていない。[*8]

*8 |

この点についても疑問視する見解が，学説上，有力に唱えられている。

37

背任罪における図利加害目的 平和相互銀行事件

最高裁平成10年11月25日決定（刑集52巻8号570頁） ▶百選Ⅱ-72

事案をみてみよう

　ゴルフ場の運営などを手がけるＰクラブは，資金難に陥る（おちいる）おそれがあったことから，所有する土地を売却することにし，被告人Ｘに協力を依頼した。ＸはＡ銀行の監査役，顧問弁護士であったが，経営全般について強い発言力を持ち，銀行幹部らは，困難な問題があるとＸの判断を仰ぐなど，Ｘに依存していた状況にあった。Ｐクラブは，Ａ銀行とは，資本，人，業務等の面で強いつながりを持ち，Ｐクラブの倒産がＡ銀行の危機につながることもありうるような関係にあった。Ｘは，Ｑ社およびＲ社を売却先とする話をとりまとめたが，両社より開発資金なども含めて88億円の融資を求められた。しかし，売却する土地の時価は約60億円にとどまり，これだけでは担保が大幅に不足することは明白で，しかもＱ社とＲ社の資産状況などは良くないことなどから，Ａ銀行の融資事務取扱要領等に違反すること，融資金の回収が困難になるおそれがあることは明らかであった。それにもかかわらず，ＸはＡ銀行の代表取締役Ｙらに働きかけて，融資を実行させた。

＊1

より正確にいえば，特別背任罪（現在の会社法960条1項）の成立可能性が問題となった。取締役や監査役など，会社において重要な役職につく者による背任の規定であり，刑法247条よりも重い刑が定められている。

☑ 読み解きポイント

　本件では，Ｘに背任罪の共同正犯が成立するかが問題となった。[＊1]Ｘが融資を実行させた動機には，Ａ銀行（本人）の利益を図るという要素も含まれていたことから，Ｘが図利加害目的を有していたといえるかが争われた。[＊2]この問題について，本決定はどのように判断しているか。この点に注意して読み解こう。

決定文を読んでみよう

Point

　「被告人及びＹらは，本件融資が，Ｐクラブに対し，遊休資産化していた土地を売却してその代金を直ちに入手できるようにするなどの利益を与えるとともに，Ｑ社及びＲ社に対し，大幅な担保不足であるのに多額の融資を受けられるという利益を与えることになることを認識しつつ，あえて右融資を行うこととしたことが明らかである。そして，被告人及びＹらには，本件融資に際し，Ｐクラブが募集していたレジャークラブ会員権の預り保証金の償還資金を同社に確保させることにより，ひいては，Ｐクラブと密接な関係にあるＡ銀行の利益を図るという動機があったにしても，右資金の確保のためにＡ銀行にとって極めて問題が大きい本件融資を行わなければならないという必要性，緊急性は認められないこと等にも照らすと，……それは融資

の決定的な動機ではなく，本件融資は，主として右のようにPクラブ，Q社及びR社の利益を図る目的をもって行われたということができる。そうすると，被告人及びYらには，本件融資につき特別背任罪におけるいわゆる図利目的があったというに妨げなく，被告人につきYらとの共謀による同罪の成立が認められるというべきである[*3]」。

> ⇩ **この決定が示したこと** ⇩
>
> 本人の利益を図る動機を有していたとしても，主として第三者の利益を図る目的であった場合には，図利加害目的が認められることを示した。

☞ 解説

I． 背任罪の故意と図利加害目的

　図利加害目的については，背任罪の故意と内容的に重なる部分があることから，それがいかなるものかについて，議論の対象とされてきた。すなわち，殺人罪の故意が認められるためには，人を殺害する認識が必要なように，背任罪の故意が認められるためには，本人に財産的損害を発生させる認識が必要である。そうすると，背任罪の故意が認められるときには，条文に挙げられている3つの目的のうち，少なくとも本人加害目的が認められることになりかねないため，図利加害目的が故意とは別に要求されている意味を，どこに見出せばよいかが問題となるのである。[*4]

　有力説は，行為者が任務に背く行為を行ったが，それは「本人の利益を図る目的」（本人図利目的）であった場合に，背任罪の成立を否定する趣旨を規定したものだと理解する。つまり，条文に挙げられている3つの目的は，「本人図利目的がなかったこと」という要件を，遠回しに規定したものと解釈するわけである。これに対し，本件も含めて，判例がどのような立場に立っているかは明らかでない。しかし，いずれにせよ，本人図利目的の場合には，背任罪の成立を否定しており[*5]，本決定も，その可能性を検討したものということができる。その限りで，判例も有力説に近い立場であるといえる。

　なお，「目的」の意味について，確定的認識または意欲を意味すると解釈する少数説もあるが，判例は，そこまでは必要ないとしている[*6]。本件でも，「動機」という言葉を用いており，融資に至った「心理的な原因」という程度に解釈している。

II． 目的が複数ある場合

　人間の心理面は決して単純ではなく，本人の利益を図る目的を有しながら，同時に，自己や第三者の利益を図る目的も有している場合もある。こうした場合について，本決定では，どれが主な目的であったのかを基準に判断すべきであるとした。Pクラブ，Q社およびR社の利益を図るのが主な目的であったことを理由に，図利加害目的が認められている。

[*2] 背任罪が成立するためには，犯人が①自己の利益を図る目的（自己図利目的），②第三者の利益を図る目的（第三者図利目的），または③本人に損害を加える目的（本人加害目的）を有している必要がある。これら3つの目的をまとめて「図利加害目的」という。これら3つ全部を有している必要はなく，少なくともひとつの目的を有していれば，図利加害目的の要件は満たされる。

[*3] Xは監査役なので，特別背任罪が適用されるようにみえるが，本件では，監査役の地位とは無関係に融資に関与したと認定されている。したがって，罪名は特別背任罪だが，65条2項を適用して，背任罪（247条）の刑が科された。これは業務上横領罪（253条）に，業務者でない者が関与した場合に，罪名は業務上横領罪だが，横領罪（252条）の刑が科されるのと同じ処理がなされているといえる（業務上横領罪の共犯については，［総論・判例45］参照）。

[*4] 図利加害目的 ┬ ①自己図利目的
　　　　　　　　├ ②第三者図利目的
　　　　　　　　└ ③本人加害目的 ┐
　　　　　　　　　　　　　　　　├ 背任罪の故意

[*5] 大判大正3・10・16刑録20輯1867頁。

[*6] 最決昭和63・11・21刑集42巻9号1251頁。

38

横領か背任か

大審院昭和9年7月19日判決（刑集13巻983頁）　　　　　　　　　　▶百選Ⅱ-67

🔭 事案をみてみよう

　被告人Xは A 村の村長であり，村の財産を保管する立場にあったが，かねてから親交があった Y に頼まれたため，村会の決議を経ずに無断で，Y が経営する B 社のために，村の財産のうち 5400 円，424 円 34 銭を，村の預金として Y に交付した。

*1
現在の価値に換算すると，それぞれ，およそ321万円，25万円となる。

✅ 読み解きポイント

　Xは村長としてA村の財産を保管する立場にあったのだから，業務上横領罪（253条）における他人（A村）の物の占有者である。さらに，こうした立場にあるXは，背任罪（247条）における他人（A村）の事務処理者でもある。Xはいずれの罪も犯しうる立場にあるわけだが，業務上横領罪と背任罪とでは，とりわけ法定刑にかなりの差があることから（懲役の上限は，それぞれ10年と5年），どの犯罪が成立するかは，Xにとって重要な関心事である。控訴審は業務上横領罪の成立を認めたが，本判決はどのような判断をしているか。この点に注意して読み解こう。

📖 判決文を読んでみよう

　「他人の為其の事務を処理するに当り自己の占有する本人の物を自ら不正に領得するに非ずして第三者の利益を図る目的を以て其の任務に背きたる行為を為し本人に財産上の損害を加えたるときは背任罪を構成すべく之を横領罪に問擬すべきものに非ざることは本院の判例……とする所なり」。

　「被告人 X は判示 A 村村長在職中予て親交ある被告人 Y の懇請に因り同人の社長として経営せる B 株式会社の利益を図り自己の村長として職務上保管せる同村基本財産を同村の計算に於て同会社に貸与せんことを決意し同村会の決議を経ずして昭和3 年 10 月 3 日同基本財産中金 5400 円を同年 11 月 18 日同金 424 円 34 銭を被告人 Y に交付して其の任務に背きたる行為を為し仍て右 A 村に財産上の損害を加え被告人 Y は右行為に加功したる趣旨に解するを相当とす」。

Point

*2｜現代語訳
「B株式会社の利益を図り，自己が村長として職務上保管する同村〔A村〕の基本財産を，同村の計算において同会社に貸与することを決意し，同村会の決議を経ずに，昭和3年10月3日，同基本財産のうち金5400円を，同年11月18日，同じく金424円34銭を被告人Yに交付して，その任務に背く行為をし，よって右A村に財産上の損害を加え」

⇩ この判決が示したこと ⇩

　他人（A村）の事務処理者（X）が，自己（X）の占有する他人（A村）の物を不正に処分した場合，第三者（B社）の利益を図る目的から，本人（A村）の計算で処分したとき

は，横領罪は成立せず，背任罪が成立することを示した。

 解説

Ⅰ．横領罪と背任罪の関係

　横領罪と背任罪は，成立要件が異なるため，多くの場合，どちらか一方の成立しか問題とならない。しかし，本件のように，他人の物の占有者が他人の事務処理者でもある場合に，重なり合いが生じうるため，どのように取り扱うべきかが問題となる。

　この点につき，いずれの成立要件も満たされている限り，両方の罪の成立を認めてもよいとする考えもありうる。しかし，ひとつの財産侵害について，2つの財産犯の成立を認めることは妥当でないことから，どちらか一方の罪の成立しか認めるべきではない。そこで，通説は，両罪が成立しうる場合には，法定刑が重い横領罪が優先的に適用されるべきだとする。[*4]つまり，横領罪の成立が認められる限り，横領罪のみが成立し，横領罪が成立しない場合にのみ，背任罪が成立しうるとされているのである。

Ⅱ．横領

　横領とは不法領得の意思を実現する一切の行為である。それが認められる限り，横領罪のみが成立することになる。判例によれば，横領罪の不法領得の意思とは，他人の物の占有者が委託の任務に背いて，その物につき権限がないのに所有者でなければできないような処分をする意思をいうとされている。[*5]この言い回しのうち，前半の「委託の任務に背いて」という部分は背任罪とおおむね共通するので，後半の「所有者でなければできないような処分をする」という要素が横領罪と背任罪の区別にとってカギとなる。さしあたって，平たくいえば，犯人が他人の物を「自分の物として扱った」場合に，横領罪のみが成立しうるといえよう。

Ⅲ．第三者の利益を図る目的の場合

　横領罪と背任罪の限界が特に問題となるのは，本件のように，第三者の利益を図る目的の場合である。[*6]判例によれば，犯人が自己の名義または計算で物を不正に処分したときは，横領罪のみが成立するとされている。たとえば，仮に，村長Ｘが，自分を貸主とする借用証書を作成の上，村の財産の一部を持ち出して，それをＹに交付したのであれば，横領罪が成立する。[*7]この場合には，Ｘが村の財産を自己の名義で，[*8]自分の財産として交付している。したがって，「自分の物として扱った」といえるため，不法領得の意思の実現が肯定されるのである。

　これに対して，本人の名義または計算で物を不正に処分した場合には，もはや横領罪は成立せず，背任罪が成立する。本件のように，財産の交付を村の名義で行っており，しかも，判決文で示されているように，村の計算で行われている限り，村の財産を「村の物」，つまり「本人の物」として交付しており，Ｘが「自分の物として扱った」とはいえないため，横領罪は成立せず，背任罪が成立するのである。

*3｜計算

経済的利益が帰属することをいう。

*4

罪の重さは，法定刑の比較により判断される。横領罪と背任罪の懲役刑の上限はいずれも5年だが，罰金刑の定めがない横領罪のほうが重い。

*5

最判昭和24・3・8刑集3巻3号276頁（〔判例 **35**〕）。

*6

自己の利益を図る目的の場合には，横領罪が成立する（大判大正6・12・20刑録23輯1541頁参照）。本人の利益を図る目的の場合は，横領罪も背任罪も成立しない。

*7

この種の事案につき横領罪を認めた判例として，大判昭和10・7・3刑集14巻745頁がある。

*8

Ｘには，貸主としての経済的利益が帰属することから，「自己の計算」という要素も肯定できよう。

39

被害者に対する盗品の処分あっせん

最高裁平成14年7月1日決定（刑集56巻6号265頁）　　　　　　　▶百選Ⅱ-74

事案をみてみよう

A社は，何者かによって約束手形[*1]181通（額面額合計約7億8578万円）等を盗まれた。被告人XとYは，Z（氏名不詳）らから，この盗難被害品の約束手形の一部をA社の関係者に売りつけることを持ちかけられた。そこで，XとYは，その約束手形がA社から盗まれた盗品であることを知りながら，共謀の上，A社の関係者らと買取りの条件などを交渉し，盗難被害品である約束手形131通（額面額合計5億5313万4290円）をA社の従業員Bに代金8220万円で売却した。

＊1｜約束手形

商取引などでは，「○年○月○日までに○○円を支払うことを約束する」という内容の文書を発行して，支払を先延ばしにすることがある。この文書を約束手形という。約束手形を発行した人（振出人）は，これを受け取った人（受取人）等に対して，約束手形の記載どおりの期日に，記載どおりの金額を支払わなければならない。
手形が盗まれた場合，振出人は，原則として，無償で手形の返還を求める権利を有する。ただし，盗まれたものであることを知らずに手形を取得した（善意取得した）者に対しては返還を求めることができない（手形法16条2項・77条1項1号）。また，手形の善意取得を阻止する手続をとるためには，費用や手間がかかることがある。

✓ 読み解きポイント

本件では，Xらは，盗品等有償処分あっせん罪（256条2項）に問われた。盗品等有償処分あっせん罪とは，たとえば，窃盗犯人に頼まれ，盗品を買ってくれる人を探して交渉するというように，窃盗や横領等の被害品（盗品等）の有償の処分を仲介する罪である。なお，この窃盗や横領等の罪は，盗品等有償処分あっせん罪と対比させて「本犯」と呼ばれ，その犯人は「本犯者」と呼ばれている。

盗品等有償処分あっせん罪は，本犯の被害者とは全く別の第三者を相手に盗品等の処分のあっせんをするのがふつうである。これに対し，本件は，本犯の被害者であるA社の関係者を相手に盗品の処分のあっせんをしたところに特徴がある。つまり，Xらは，盗品を被害者に返してあげただけともいえる。そのような場合にも，本罪が成立するのだろうか。成立するとして，その根拠はどこにあるのだろうか。

📖 決定文を読んでみよう

「盗品等の有償の処分のあっせんをする行為は，窃盗等の被害者を処分の相手方とする場合であっても，被害者による盗品等の正常な回復を困難にするばかりでなく，窃盗等の犯罪を助長し誘発するおそれのある行為であるから，刑法256条2項にいう盗品等の『有償の処分のあっせん』に当たると解するのが相当である……。これと同旨の見解に立ち，被告人の行為が盗品等処分あっせん罪に当たるとした原判断は，正当である。」

⇩ この決定が示したこと ⇩

盗品等の有償の処分のあっせんをする行為は，窃盗等の被害者を処分の相手方と

して盗品等の有償処分のあっせんをした場合でも，被害者による盗品等の正常な回復を困難にするばかりでなく，窃盗等の犯罪を助長し誘発するおそれのある行為であるから，盗品等有償処分あっせん罪が成立することを示した。

 解説

Ⅰ．盗品関与罪の本質

Ｘらの行為について盗品等有償処分あっせん罪が成立するかを検討するためには，そもそも盗品関与罪[*2]の本質はどこにあるのかという点に遡る必要がある。

一般に，盗品関与罪の本質は，追求権の侵害にあると考えられている。追求権の侵害とは，本犯の被害者の追求権（返還請求権）行使を困難にするということである。本犯の被害者の立場からすると，まだ本犯者が被害品を持っている状態であれば，被害品を取り戻すことは容易かもしれないが，盗品が本犯者から別の人に渡り，さらに別の人に渡ると，盗品を取り戻すことがどんどん難しくなる。そこで，盗品等が本犯者から第三者に移転することを防ぐために規定されたのが，盗品関与罪なのである。

ただ，判例・通説は，追求権の侵害とあわせて本犯の助長も盗品関与罪の本質であると考えている。本犯者が窃盗等を行う動機としては，盗品を売りさばいて儲けようという動機が多い。つまり，本犯者は，盗品等を買ってくれる人がいるからこそ本犯を行うという側面があるのである。その意味で，盗品関与罪の行為は，本犯を誘発し，助長しているといえる。

Ⅱ．本犯の被害者を相手方とする盗品等有償処分あっせん

学説では，追求権の侵害という考え方を前提に，Ｘらは被害者に盗品を返還したのだから，追求権を侵害するどころか，むしろ，追求権を実現し，被害者の希望を叶えたと考えて，Ｘらに盗品等有償処分あっせん罪は成立しないとする見解も有力である。

しかし，本決定は，追求権とは単なる盗品等の回復ではなく「正常な」回復を実現する権利であると理解し，Ｘらの行為は追求権を侵害しているとした。Ａ社は窃盗の被害者であるから，本来であれば，大金を払わなくても約束手形を返してもらえるはずであるが，実際には約束手形を取り戻すためにＸらに 8000 万円を超える大金を払わされている[*3]。このような事態は，本犯の被害者にとって盗品の正常な回復の仕方ではない。そのため，Ｘらの行為は，盗品の「正常な」回復を困難にするものであり，その意味で，本犯の被害者の追求権を侵害しているというのである。

同時に，本決定は，Ｘらの行為は本犯の助長にもあたるとしている。本犯者にとっては，盗品が最終的に本犯の被害者に返還されるかどうかは重要ではなく，とにかく盗品を買ってくれる人さえいれば窃盗等を行おうという動機になる。その点で，Ｘらの行為は，本犯を助長し，誘発することになるのである。

このように，本決定は，追求権の侵害と本犯の助長という２つの点を根拠に，Ｘらの行為を盗品等有償処分あっせん罪にあたるとしたところに特徴がある。

＊2｜盗品関与罪

本犯者以外の者が盗品を取り扱う罪の総称。具体的には，盗品等無償譲受け罪（256条1項），盗品等運搬・保管・有償譲受け・有償処分あっせん罪（同条2項）がある。無償譲受けとは，盗品等を無料で受け取ること，有償譲受けとは，盗品等を買うことである。なお，平成7年の改正前の旧刑法では，盗品等は「贓物」，無償譲受けは「収受」，保管は「寄蔵」，有償譲受けは「故買」，有償処分あっせんは「牙保」とされていた。

＊3｜

Ｘらは，Ａ社の関係者らに対し，すでに盗まれた約束手形が拡散しており，早く回収しないと回収がますます困難になると思わせたり，自分たちなら安価で約束手形を回収できるかのように装ったりしており，そのため，Ａ社の関係者らは仕方なくＸらに対して約束手形の買取りに応じたようである。

<table>
<tr><td>40</td><td><h1>公衆便所への落書き</h1></td></tr>
</table>

40 公衆便所への落書き

最高裁平成18年1月17日決定（刑集60巻1号29頁）　　　　　▶百選Ⅱ-79

事案をみてみよう

　被告人Xは，区立公園内に設置された公衆便所（以下「本件建物」という）の白色外壁に，ラッカースプレー2本を用いて赤色と黒色のペンキを吹きかけ，その南東側および北東側の白色外壁部分のうち，すでに落書きがされていた一部の箇所を除いてほとんどを埋め尽くすような形で，「反戦」「戦争反対」「スペクタクル社会」と大書した。なお，本件建物は，公園の施設にふさわしいように，その外観，美観には相応の工夫が凝らされていた。

☑ 読み解きポイント

　Xは，建造物損壊罪（260条前段）に問われた。「損壊」の典型例は，建物の壁をハンマーで叩き壊すというように，建物を物理的に破壊する行為である。しかし，Xは，本件建物を物理的に破壊したわけではなく，本件建物の壁に落書きをしたにすぎない。それでも，Xは建造物を「損壊した」といえるのだろうか。

決定文を読んでみよう

Point

　「⑴大書された文字の大きさ，形状，色彩等に照らせば，本件建物は，従前と比べて不体裁かつ異様な外観となり，美観が著しく損なわれ，その利用についても抵抗感ないし不快感を与えかねない状態となり，管理者としても，そのままの状態で一般の利用に供し続けるのは困難と判断せざるを得なかった。ところが，⑵本件落書きは，水道水や液性洗剤では消去することが不可能であり，ラッカーシンナーによっても完全に消去することはできず，壁面の再塗装により完全に消去するためには約7万円の費用を要するものであった。」

　「以上の事実関係の下では，⑶本件落書き行為は，本件建物の外観ないし美観を著しく汚損し，原状回復に相当の困難を生じさせたものであって，その効用を減損させたものというべきであるから，刑法260条前段にいう『損壊』に当たる」。

⇩ この決定が示したこと ⇩

　建造物への落書きは，建造物の外観や美観を著しく汚損し，かつ，原状回復に相当の困難を生じさせるものであれば，建造物の効用を減損させたものといえ，建造物損

*1｜効用を減損させた
平たくいえば，「これまでどおりの使い方が難しくなる」という意味である。

壊罪の「損壊」にあたることを示した。

👆 解説

Ⅰ. 損壊の意義

1 ▶▶ 物理的損壊説と効用侵害説

建造物損壊罪における「損壊」の意義については，器物損壊罪（261条）の場合と同じく，①物理的な破壊や毀損に限られるとする物理的損壊説と，②それに限られず，建造物の効用を害する一切の行為をいうとする効用侵害説が対立している。「効用を害する」というのは，そのまま使用し続けることを困難にするという意味である。

両説で結論が分かれるのは，建造物へのビラ貼りや，本件のような落書きの事例である。①説においては，ビラ貼りや落書きは建造物の物理的な破壊ではないから損壊にはあたらないが，②説によると，建造物に大量のビラが貼られたり落書きされたりすると，その建造物はそのままでは使用できなくなるから，損壊に含まれる。

2 ▶▶ 通説・判例の立場

言葉から受ける印象では，①説のいうように，「損壊」とは，物理的に破壊する行為を指すようにも思える。しかし，通説は，②説を採用している。建造物損壊罪や器物損壊罪などの毀棄・隠匿の罪は，所有者等による財物の使用を困難にするところに本質があり，そうだとすれば，「損壊」というためには建造物の使用を不可能にしたり困難にしたりすれば足り，物理的に破壊する必要はないからである。

判例も，②説に立ち，たとえば，建造物へのビラ貼りについて建造物の効用の減損にあたることを理由に建造物損壊罪の成立を認めている。[*2] 本決定も，「本件落書き行為は……その効用を減損させた」と判示しており，②説を前提としている（Point-3）。

Ⅱ. 効用の侵害の判断方法

ただし，ほかの罪の法定刑とのバランスを考えると，ビラ貼りや落書きであっても，軽微な汚損行為は軽犯罪法違反にとどまり，[*3] 建造物損壊罪は成立しないと考えられる。[*4] それでは，建造物損壊罪の「損壊」にあたるのはどのような場合だろうか。Xの行為が「損壊」にあたる理由として本決定が指摘したのは，次の2点である。

第1は，Xの落書きが，文字の大きさ，形状，色彩などからみて，本件建物の外観や美観を著しく汚損するものであった点である（Point-1）。[*5] 建物の外観や美観が著しく損なわれれば，使用者に抵抗感や不快感などを与え，そのまま建造物の使用を続けるのは困難になるだろう。そこで，本決定を含め，判例は，外観や美観の汚損の点を重視している。[*6]

第2は，本件建物の原状回復（元の状態に戻すこと）が相当に困難だった点である（Point-2）。建造物の外観や美観を著しく汚損しても，簡単に元の状態に戻せるのであれば，「そのまま使用を続けるのは困難」とはいえないし，逆に，元の状態に戻すことが難しければ，建造物が物理的に破壊された場合と実質的に変わらないからである。

*2
最決昭和41・6・10刑集20巻5号374頁。最決昭和43・1・18刑集22巻1号32頁も，ビラ貼りについて建造物損壊罪の成立を肯定している。

*3
軽犯罪法1条33号は，他人の家屋等にはり札等の行為をした者を単に拘留または科料に処すると規定している。拘留は，1日以上30日未満の自由刑であり（16条），科料は，千円以上一万円未満の財産刑である（17条）。

*4
最判昭和39・11・24刑集18巻9号610頁は，駅長室の壁に墨書きし，ビラ34枚を貼りつけた事案について建造物損壊罪の成立を否定した。

*5
本件建物は，もともと公園の施設としてふさわしい外観，美観を備えていたが，Xは，人目につきやすい壁のほぼ全面に大きな文字を書き，本件建物の外観をきわめて異様な状態にした。この点から，Xは「著しく」外観，美観を汚損したと評価されたのである。

*6
学説上は，文化的価値のある建造物を除き，建造物の外観や美観の汚損は効用の侵害とはいえないとする見解も有力である。

1. 窃盗の意義

「窃取」とは，占有者の意思に反した財物の占有移転を内容とするが，「占有者の意思に反する」の意味について，はっきりしないところもある。これが問題となった判例として，最決平成19・4・13刑集61巻3号340頁がある。事案は，被告人が，持込みや使用が禁止されていた体感器をこっそり装着し，これを使用してパチスロ遊戯を行い，1524枚のメダルを取得したというものである。体感器は，パチスロ機の乱数周期と同期させることで，大当たりを連続して発生させるボタンの押し順を判定できる機能を有するものであった。従来の裁判例では，パチンコ玉を磁石で誘導したり，パチスロ機に器具を差し込んで誤作動させる行為などが「窃取」にあたるとされてきたが，それらと異なり，体感器は「パチスロ機に直接には不正の工作ないし影響を与えないもの」であった。本決定は，「専らメダルの不正取得を目的として……本件機器を使用する意図のもと，これを身体に装着し不正取得の機会をうかがいながらパチスロ機で遊戯すること自体，通常の遊戯方法の範囲を逸脱するものであり，……店舗がおよそそのような態様による遊戯を許容していないことは明らかである」とした上で，「パチスロ機……で取得したメダルについては，それが本件機器の操作の結果取得されたものであるか否かを問わず，被害店舗のメダル管理者の意思に反してその占有を侵害し自己の占有に移したものというべき」だという判断を示した。もっとも，このように店舗の意思に反することを指摘するだけでは，たとえば18歳未満の者が通常の方法でパチスロ機を利用してメダルを獲得した場合にも「窃取」にあたることになりかねないが，「通常の遊戯方法の範囲を逸脱するもの」と言及することで，「窃取」が認められる範囲を限定したものといえよう（同種の事案として，最決平成21・6・29刑集63巻5号461頁〔百選II-30〕がある）。

2. 2項強盗罪の成立範囲

窃盗罪や1項詐欺罪の犯人が，財物を取得した後に，その返還または代金の支払を免れるため，被害者に暴行・脅迫を加えた場合，2項強盗罪が成立しうるであろうか。これが問題となった判例として，最決昭和61・11・18刑集40巻7号523頁（百選II-39）がある。事案は以下のとおり。共犯者Yが，覚せい剤の取引をもちかけて，Aをホテルの一室に呼び出した。Yは別室にいる買主に現物を見せる必要があるとAをだまして，覚せい剤を受け取ると，部屋を出た後ホテルから逃走した。その後，被告人XがAをけん銃で狙撃したが，殺害の目的を遂げなかった。こうした事案につき，本決定は，「覚せい剤取得行為がそれ自体としては，窃盗罪又は詐欺罪のいずれに当たるにせよ」と述べるにとどまり，いずれが成立するかを明らかにしなかったが，「拳銃発射行為は，Aを殺害して同人に対する本件覚せい剤の返還ないし買主が支払うべきものとされていたその代金の支払を免れるという財産上不法の利益を得るためになされたことが明らかであるから，右行為はいわゆる2項強盗による強盗殺人未遂罪に当たる」とした。

3. 名義人の許諾と
他人名義のクレジットカードの使用

この問題に言及したのは，最決平成16・2・9刑集58巻2号89頁（百選II-54）である（自己名義のカードの不正使用については［判例**29**］参照）。事案は，被告人が，Aの許諾を得ずに，ガソリンスタンドでA名義のクレジットカードを用いて，ガソリンの給油を受けたというものである。本決定は，ガソリンスタンドを被害者とする1項詐欺罪の成立を認めたが，Aから使用を許されていると誤信していたという被告人の主張に対し，「仮に，被告人が，本件クレジットカードの名義人から同カードの使用を許されており，かつ，自らの使用に係る同カードの利用代金が会員規約に従い名義人において決済されるものと誤信していたという事情があったとしても，本件詐欺罪の成立は左右されない」という判断を示した。本決定は，Aが許諾していたケースに関するものではないが，被告人の誤信の内容が犯罪であることを前提としたものである。つまり，名義人の許諾を得ていたとしても，他人名義のクレジットカードを使用する行為は原則として加盟店を被害者とする詐欺罪が成立するという一般論を示したものといえる。ただし，家族間でクレジットカードの利用を許すようなケースについてまで，一律に詐欺罪の成立を認めたものではない。

4. 横領後の横領

一度横領した物を, 再び不当に処分した場合にも横領罪が成立しうるかという問題がある。従来の最高裁判例は, これを否定していた (最判昭和 31・6・26 刑集 10 巻 6 号 874 頁)。学説上も, すでに 1 回横領した物を横領する行為は不可罰的事後行為であり, 別個に横領罪は成立しないというのが通説であった。しかし, 最大判平成 15・4・23 刑集 57 巻 4 号 467 頁 (百選Ⅱ-68) は, 上記の最高裁昭和 31 年判決を変更し, 一度横領した物を再び不当に処分する行為について横領罪が成立する可能性を認める立場を採用した。事案は, 宗教法人 A の責任役員である被告人が, 自己が管理する A 所有の土地に抵当権を設定して登記を完了し, その後, 同じ土地を, B らに売却して, 所有権移転登記を完了したというものである。本判決は,「委託を受けて他人の不動産を占有する者が, これにほしいままに抵当権を設定してその旨の登記を了した後においても, その不動産は他人の物であり, 受託者がこれを占有していることに変わりはなく, 受託者が, その後, その不動産につき, ほしいままに売却等による所有権移転行為を行いその旨の登記を了したときは, 委託の任務に背いて, その物につき権限がないのに所有者でなければできないような処分をしたものにほかならない。したがって, 売却等による所有権移転行為について, 横領罪の成立自体は, これを肯定することができるというべきであり, 先行の抵当権設定行為が存在することは, 後行の所有権移転行為について犯罪の成立自体を妨げる事情にはならないと解するのが相当である」と判示した。

5. 不正融資の借り手側の責任

[判例 37] でみたように, 銀行などの金融機関の融資担当者が, およそ回収の見込みのない不正な融資を行った場合には, 背任罪が成立する。それでは, こうしたケースにおいて, 融資を受けた借り手に背任罪の共同正犯の成立する余地はあるだろうか。経営状態が苦しい会社の社長が, 融資を受けるために必死になるのは当たり前であるし, そもそも貸し手と借り手は, それぞれ思惑も異なり, 利害が対立する関係にあるので, それらの間に共同して犯罪を実行したという関係を見出すことは, ふつうは困難であろう。しかし, 一定の場合に, 貸し手と借り手の共同正犯が成立しうることを判例は認めている。この問題に関する重要判例として, 最決平成 15・2・18 刑集 57 巻 2 号 161 頁 (百選Ⅱ-73) が挙げられる。事案は, 不動産業を営む A 社の代表取締役である被告人 X が, 住宅金融専門会社 (住専) の B 社の融資担当者 Z らに資金の借入れを申し入れて, 関連会社や子会社を経由する迂回融資の方法で, A 社への不正融資を行わせたというものである。背景や経緯を簡単に示すと以下のとおりである。そもそも A 社はかねてより B 社より融資を受けていたが, 経営状態がよかったとはいえず, やがてバブル経済の崩壊を契機に, 経営はますます悪化した。まもなく他の金融機関からの融資は受けられなくなり, B 社からの融資がなければ倒産する状況になったが, Z らは, A 社が倒産して巨額の融資金が回収不能となることで, これまで行ってきた融資に関する責任を問われるのをおそれ, 保身のため融資を続行したのであった。なお, X は, Z らと個人的に親密な関係にはなかったが, A 社の創業者であり実質的経営者である Y の意向に沿って, Z と個人的に親密である Y と共同して, 融資の実現に寄与したのであった。本決定は,「被告人は, Z ら融資担当者がその任務に違背するに当たり, 支配的な影響力を行使することもなく, また, 社会通念上許されないような方法を用いるなどして積極的に働き掛けることもなかったものの, Z らの任務違背, B 社の財産上の損害について高度の認識を有していたことに加え, Z らが自己及び A 社の利益を図る目的を有していることを認識し, 本件融資に応じざるを得ない状況にあることを利用しつつ, B 社が迂回融資の手順を採ることに協力するなどして, 本件融資の実現に加担しているのであって, Z らの特別背任行為について共同加功をしたとの評価を免れないというべきである」と述べて, X に特別背任罪 ([判例 37] ＊1 参照) の共同正犯が成立するとした。本決定は, 借り手の共同正犯の成立要件を一般的に示したわけではなく, あくまでもひとつの事例判断にすぎないが, 借り手の共同正犯を肯定した最高裁判例として大いに参考になる。もっとも, 本決定の後にも, 借り手に共同正犯の成立を肯定した最高裁判例 (最決平成 20・5・19 刑集 62 巻 6 号 1623 頁) が出されているが, 借り手の共同正犯が認められる一般的な基準は, 今日もなお明確に示されているとはいえない状況にある。

Chapter

IV

公共の安全に対する罪

Chapter Ⅰ〜Ⅲでは，個人的法益に対する罪について学んできた。これに対し，**Chapter Ⅳ，Ⅴ**では，社会的法益に対する罪を扱う。その中でも，**Chapter Ⅳ**で取り上げるのは，公共の安全に対する罪である。

公共の安全に対する罪とは，不特定または多数の人の生命・身体・財産に危険を及ぼす罪を意味し，公共危険犯とも呼ばれている。具体的には，放火・失火の罪，出水・水利に関する罪，往来を妨害する罪，公衆の健康に対する罪が公共危険犯に属する。

もちろん，これらの罪は，個人の生命・身体・財産を侵害するという側面も持っている。しかし，放火・失火の罪では火が周囲の建物等に延焼する，出水・水利に関する罪では水を氾濫させて周囲の建物や田畑等を流失させる，往来を妨害する罪では多くの客の乗った電車を横転させる，公衆の健康に対する罪ではさまざまな人が利用する水道に毒物を混入するというように，公共危険犯は，不特定または多数の人の生命・身体・財産を危険にさらすという特徴がある。そのため，これらの罪は，個人的法益に対する罪ではなく，社会的法益に対する罪に位置づけられているのである。

Chapter Ⅳでは，公共危険犯の中で最も重要な「放火の罪」を取り上げることにする。

Contents

Introduction

公共の安全に対する罪

　放火の罪は，昔から重く処罰されてきた。現在の刑法も，放火の罪には重い刑を定めている。たとえば，非現住建造物等放火罪（109条1項）などの放火の罪と，建造物損壊罪（260条前段）や器物損壊罪（261条）とは，どちらも他人の建物や物を損壊していることには変わりないのに，放火の罪のほうが，かなり法定刑が重い。特に，現住建造物等放火罪（108条）の法定刑は，殺人罪（199条）と同じだ。放火の罪がそんなに重く処罰されるのは，放火には，火が周囲の建物や物にどんどん燃え広がって，多くの人の生命や財産などに大きな被害が出る危険があるという特徴があるからだ。

　このような特徴から，放火の罪は「公共危険犯」と呼ばれている。放火の罪に関するいろいろな問題を解決するときには，この「公共危険犯」という性質を考慮することが大事になってくる。その点に注意しながら，放火の罪について考えてみよう。

1. 罪質・犯罪類型

　放火の罪には，Aの家やBの自動車といった個人の財産に対する侵害という側面もある。しかし，上でエンピツくんが言っていたように，放火の罪の本質は，むしろ公共危険犯というところにある。公共危険犯とは，不特定または多数の人の生命・身体・財産に危険を及ぼす罪という意味である。このような性質から，放火の罪の保護法益は，公共の安全であるとされている。

　放火の罪には，いくつかの犯罪類型が規定されているが，その中でも重要なのは，①現住建造物等放火罪（108条），②他人所有非現住建造物等放火罪（109条1項），③自己所有非現住建造物等放火罪（109条2項），④他人所有建造物等以外放火罪（110条1項），⑤自己所有建造物等以外放火罪（110条2項）の5つの罪である。この5つの罪を見分けるポイントは，ⓐ何を燃やすのか（客体），ⓑ実際にどれぐらい燃えたのか（行為・結果）の2点である。以下では，その2点を順にみていこう。

2. 客体

　①〜③の客体は建造物等である。そのうち，①の客体は，現に人が住居に使用している建造物（現住建造物）等，または，現に人がいる建造物（現在建造物）等である［→判例42，判例43］。ここでいう「人」は，犯人以外の人を指すので，現住建造物とは，犯人以外の人が生活の場所として日常使用する建造物であり，現在建造物とは，

＊1｜

後で述べるように，自分の所有物を燃やす行為であっても，公共の危険が発生すれば犯罪となるが，それも，放火の罪が公共危険犯だからこそである。

＊2｜建造物

屋根があり，それが柱や壁などで支えられていて，土地に定着し，人が内部に出入りできるものをいう。条文上は，建造物のほか，汽車，電車，艦船，鉱坑も客体として規定されているが，最も重要なのは建造物である。

放火行為のときに犯人以外の人が中にいる建造物であるということになる（日常使用する，あるいは，中にいるのが，犯人だけの場合は，②または③となる）。

②と③の客体は，①の客体以外の建造物等である。つまり，犯人以外の人が生活の場所として日常使用しておらず，かつ，放火行為のときに犯人以外の人が中にいない建造物等が客体となる。②と③の違いは，その建造物等の所有者が誰かということである。②は，犯人以外の人が所有している（他人所有）建造物等，③は，犯人自身が所有している（自己所有）建造物等が客体となる。

④と⑤の客体は，建造物等以外の物である。自動車や犬小屋などがこれにあたる。④と⑤は，上記の②と③と同様に，誰が所有者かによって区別される。④は，犯人以外の人が所有している（他人所有）建造物等以外の物，⑤は，犯人自身が所有している（自己所有）建造物等以外の物が客体となる。

3. 行為・結果

①〜⑤は，それぞれ犯罪の成立に必要とされる行為と結果の内容が違う。

①と②は，「放火」と「焼損」があれば，既遂に達する。簡単にいうと，「焼損」とは，火が上記の客体に燃え移りそのまま燃え続ける状態になることであるというのが，判例の立場である ［→判例 41］。そして，「放火」は，焼損の危険を生じさせる行為のことである。たとえば，X が A の住む家（＝現住建造物）にライターで火をつけ（＝放火），ライターを離しても A の家がそのまま燃え続ける状態になれば（＝焼損），現住建造物放火罪（108 条）が成立する。

これに対し，③〜⑤は，「放火」と「焼損」に加えて，「公共の危険」の発生があって初めて既遂に達する[*3]。公共の危険とは，不特定または多数の人の生命・身体・財産が危険にさらされることである ［→判例 44］。たとえば，X が A の自動車（＝建造物等以外の物）にライターで火をつけ（＝放火），ライターを離しても A の自動車がそのまま燃え続ける状態になった（＝焼損）としても，それだけでは建造物等以外放火罪（110 条 1 項）は成立しない。さらに，周囲の住宅や自動車などに燃え移りそうになる危険が発生すること（＝公共の危険の発生）が必要である。

罪名	客体			行為・結果
①現住建造物等放火罪（108 条）	建造物等	現住または現在		放火＋焼損
②他人所有非現住建造物等放火罪（109 条 1 項）		非現住かつ非現在	他人所有	
③自己所有非現住建造物等放火罪（109 条 2 項）			自己所有	放火＋焼損＋公共の危険
④他人所有建造物等以外放火罪（110 条 1 項）	建造物等以外	他人所有		
⑤自己所有建造物等以外放火罪（110 条 2 項）		自己所有		

（現住建造物等放火）
108条　放火して，現に人が住居に使用し又は現に人がいる建造物，汽車，電車，艦船又は鉱坑を焼損した者は，死刑又は無期若しくは5年以上の懲役に処する。

（非現住建造物等放火）
109条　① 放火して，現に人が住居に使用せず，かつ，現に人がいない建造物，艦船又は鉱坑を焼損した者は，2年以上の有期懲役に処する。
② 前項の物が自己の所有に係るときは，6月以上7年以下の懲役に処する。ただし，公共の危険を生じなかったときは，罰しない。

（建造物等以外放火）
110条　① 放火して，前二条に規定する物以外の物を焼損し，よって公共の危険を生じさせた者は，1年以上10年以下の懲役に処する。
② 前項の物が自己の所有に係るときは，1年以下の懲役又は10万円以下の罰金に処する。

*3|
①と②は未遂（112条）と予備（113条）の処罰規定があるのに対し，③〜⑤は未遂と予備の処罰規定がないという点でも違いがある。

放火罪の既遂時期

最高裁昭和25年5月25日判決（刑集4巻5号854頁）　　　　　▶ 百選Ⅱ-80

事案をみてみよう

　被告人Xは，Aに家屋（以下「A方」という）を貸しており，A方にはAとAの家族が住んでいた。Xは，A方に火災保険をかけていたことから，火災保険金を得る目的で，機械油を浸した布や包装紙などをA方の3畳間押入れ床下に置き，ライターで火をつけた。その結果，A方3畳間の床板約1尺四方（約30 cm×30 cm）と，押入れの床板および上段それぞれ3尺四方（約90 cm×90 cm）が燃えた。

　控訴審は，Xに現住建造物放火罪（108条）の成立を認めた。

読み解きポイント

　Xが火をつけたA方は，Aらが住む「現住建造物」であるから，本件では，現住建造物放火罪が成立するかどうかが問題となる。現住建造物放火罪が既遂に達するためには，現住建造物が「焼損」したことが必要である。もし「焼損」したといえなければ，現住建造物放火未遂罪（112条）が成立するにすぎない。本件では，床板等が約30 cm×30 cm，約90 cm×90 cm燃えただけであり，A方が全焼したとか半焼したというわけではない。それでも，A方は「焼損」したといえるのだろうか。

　なお，平成7年の改正前の刑法では，「焼損」ではなく「焼燬_{しょうき}」という言葉が使われていたので，判決文にも「焼燬」という言葉が出てくるが，「焼損」と同じ意味である。

判決文を読んでみよう

Point

　「原判決は……現に人の居住する家屋の一部を判示程度に焼燬したと判示した以上<u>被告人の放火が判示媒介物を離れて判示家屋の部分に燃え移り独立して燃焼する程度に達したこと明らかであるから，人の現在する建造物を焼燬した判示として欠くるところはない</u>ものといわなければならない。」

⇩ この判決が示したこと ⇩

　「焼損」したというためには，火が媒介物を離れて建造物に燃え移り独立して燃焼する程度に達すれば足りることを示した。

解説

Ⅰ. 焼損の意義

1 ▸▸ 独立燃焼説の内容

「焼損」の意義について，判例は，本判決を含め古くから独立燃焼説を採用している[*1]。独立燃焼説とは，火が媒介物を離れて目的物に燃え移り独立して燃焼する程度に達したことが焼損であるという考え方である。

独立燃焼説によると，たとえば，建物（＝目的物）を燃やそうと思った犯人が，まずライターで新聞紙（＝媒介物）に火をつけ，それを建物にかざして火が建物に燃え移り，新聞紙を離しても建物の壁などがそのまま燃える状態が続けば，焼損に達したといえる。逆に，新聞紙を離すと，建物が（黒く焦げたとしても）そのまま燃え続けないという場合は，焼損とはいえない。

本件では，たとえ 30 cm×30 cm や 90 cm×90 cm といっても，媒介物である布や包装紙などから火が燃え移り，目的物であるＡ方の床板などが独立して燃焼したのであるから，焼損したといえ，現住建造物放火罪の既遂が認められる。

2 ▸▸ 独立燃焼説の根拠

独立燃焼説の根拠は，目的物が独立に燃焼すればそれだけで公共の危険が発生したといえるという点にある。放火罪は公共危険犯であるが[*2]，日本には木造建築物が多いため，いったん建造物が独立に燃焼すると，周囲の建造物などに次々と燃え移る可能性が生じ，公共の危険が発生したといえるのである[*3]。

Ⅱ. 不燃性・難燃性建造物と焼損

応用問題として，不燃性・難燃性建造物における焼損という問題がある。建造物の中には不燃性・難燃性の材料で造られているものも少なくないが，そのような建造物の場合，いくら火をつけても独立燃焼することがない。その場合でも，有毒ガスなどが発生したときには公共の危険が生じたといえるから焼損が認められるとする見解も有力である。

しかし，独立燃焼説を徹底すれば，目的物が独立燃焼していない以上，焼損は否定されるはずである。実際，そのような裁判例も存在する[*4]。

*1| 最判昭和23・11・2刑集2巻12号1443頁も，独立燃焼説の立場から，家屋の天井板を約30 cm×30 cm燃やした事案において現住建造物放火罪の既遂を認めている。

*2| **公共危険犯**
不特定または多数の人の生命・身体・財産に危険を及ぼす罪。Introduction（p.104）参照。

*3| なお，独立燃焼説に対しては，既遂時期が早くなりすぎるという批判も強い。そこで，学説においては，目的物が全焼か半焼するなど重要部分が焼失したときに初めて焼損を認める効用喪失説や，独立燃焼説と効用喪失説の中間的な見解も主張されている。

*4| 東京地判昭和59・6・22判タ531号245頁。

事案をみてみよう

　被告人Xは、Yにすすめられ、転売目的で家屋（以下「本件家屋」という）とその敷地を取得した。本件家屋には、風呂、洗面所、トイレ、台所等の設備があり、水道、電気、ガスが供給されていて、日常生活に最低限必要な寝具、テーブル、いす、冷蔵庫、テレビ等の家財道具が持ち込まれていた。Xは、本件家屋とその敷地に対する競売手続の進行を妨げる目的で、自分の経営する会社の従業員5名に指示して、平成3年10月上旬頃から同年11月16日夜までの間に十数回にわたり交替で本件家屋に宿泊させた。Xは、本件家屋の鍵を従業員らにあずけるなどしており、従業員らは、本件家屋に自由に出入りできた。

　Xは、本件家屋とこれに持ち込んだ家財道具を燃やして火災保険金をだまし取ろうと計画し、同年11月19日から従業員5名を2泊3日の沖縄旅行に連れ出すとともに、留守番役の別の従業員には、Xらの留守中の宿泊は不要であると伝えた。ただ、Xは、従業員らに対し、沖縄旅行から帰った後は本件家屋に宿泊しなくてもよいとは指示しておらず、従業員らは、旅行から帰れば再び本件家屋への交替の宿泊が継続されるものと考えていた。また、Xは、旅行に出発する前に本件家屋の鍵を従業員から回収していなかった。Xと共謀したYは、Xと従業員らが沖縄旅行中の同月21日午前0時40分頃、本件家屋に火を放ち、これを全焼させた。

 読み解きポイント

　本件では、Xらに現住建造物等放火罪（108条）が成立するかが争われた。現住建造物等放火罪の客体は、現に人が住居に使用している建造物（現住建造物）等、または、現に人がいる建造物（現在建造物）等である。このうち、本件家屋は現在建造物にはあたらない。放火当時、本件家屋には放火犯人であるY以外に誰もいなかったからである。

　問題は、本件家屋が現住建造物といえるかである。たとえば、家族が生活の本拠として継続的に使用している居宅であれば、問題なく現住建造物といえるだろう。しかし、本件家屋は、単に競売手続を妨害する目的で従業員らが1か月半ほど交替で宿泊していたにすぎず、しかも、放火当時、従業員らは沖縄旅行に行っていた。それでも、本件家屋は現住建造物といえるのだろうか。

📖 決定文を読んでみよう

「⁽¹⁾本件家屋は，人の起居の場所として日常使用されていたものであり，⁽²⁾右沖縄旅行中の本件犯行時においても，その使用形態に変更はなかったものと認められる。⁽³⁾そうすると，本件家屋は，本件犯行時においても，……刑法108条にいう『現に人の住居に使用』＊²する建造物に当たると認めるのが相当であるから，これと同旨の見解に基づき現住建造物等放火罪の成立を認めた原判決の判断は正当である。」

*2 |
本件犯行時の条文（平成7年改正前）の文言。

⇩ この決定が示したこと ⇩

家屋に複数の人が交替で宿泊し，放火当時，その人らが旅行中であっても，その家屋は現住建造物にあたりうることを示した。

☝ 解説

Ⅰ. 旅行前における本件家屋の現住性

現住建造物とは，人が生活の場所として日常使用する建造物をいう。現住建造物等放火罪は非現住建造物等放火罪（109条1項）より重く処罰される＊³が，その理由は，住居は人が出入りする可能性が高いため，住居を燃やすと人の生命や身体に危険が生じるおそれが大きいというところにある。そうだとすれば，現住建造物というためには，人が出入りするような生活の場所として日常使用されていれば足り，昼夜間断なく人が生活しているという必要はない。買い物等で一時的に住人が不在になっていても現住建造物であることに変わりはないし，夜間だけ人が駐在する宿直室も現住建造物とされている＊⁴。

*3 |
現住建造物等放火罪の法定刑は，死刑または無期もしくは5年以上の懲役であるのに対し，非現住建造物等放火罪の法定刑は，2年以上の有期懲役である。

本件家屋は，生活の本拠として使用されていたというわけではないが，本件家屋には日常生活に必要な設備や備品等があり，約1か月半の間に十数回にわたり従業員らが本件家屋に宿泊していた。したがって，少なくとも旅行前の時点では，本件家屋は人の起居の場所として日常使用されていたといえ，現住性が認められる（Point-1）。

*4 |
大判大正2・12・24刑録19輯1517頁。

Ⅱ. 犯行の時点における本件家屋の現住性

ただ，放火当時，従業員らは沖縄旅行に行っており，Xは留守番役の別の従業員にも旅行中の宿泊は不要であると伝えていた。このことから，放火の時点ではもはや現住性がなくなっていたのではないかという点が問題となる。

本件では，①従業員らの旅行は2泊3日という短期間だったこと，②Xが従業員らに対し，旅行後は本件家屋に宿泊しなくてもよいとは指示しておらず，従業員らも旅行から帰れば再び本件家屋に交替で宿泊すると考えていたこと，③本件家屋の鍵が従業員から回収されていなかったことなどから，本決定は，旅行中もその使用形態に変更はなかったと述べて（Point-2），放火の時点における本件家屋の現住性を肯定した（Point-3）。

43

建造物の一体性

平安神宮事件

最高裁平成元年7月14日決定（刑集43巻7号641頁）　▶百選Ⅱ-82

*1｜平安神宮社殿
見取図（略図）

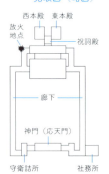

放火地点である祭具庫
から社務所までの距離
は，廊下づたいで約231
m，直線で約165mあり，
祭具庫から守衛詰所ま
での距離は，廊下づた
いで約235m，直線で
約144mあった。

*2｜
大判大正2・12・24刑録
19輯1517頁は，宿直員
が校舎の宿泊室に週に
3，4回宿泊していた事
案において，校舎を現
住建造物にあたるとし
た。

事案をみてみよう

　被告人Xは，午前3時過ぎ頃，平安神宮社殿の一部である祭具庫の板壁付近にガ
ソリン約10ℓを散布した上，ガスライターで点火した。火は，その祭具庫から，こ
れに接続する祝詞殿，東西両本殿等に燃え移り，約512m²が燃えた。

　平安神宮社殿には，東西両本殿，祝詞殿，社務所，守衛詰所，神門（応天門）等の
建物があり，これらの建物は渡り廊下でつながっていて，渡り廊下づたいに各建物を
一周しうる構造になっていた。これらの建物はすべて木造であり，廊下も多量の木材
が使用されていた。夜間には，神職や守衛らの宿直員が定期的に社殿の建物等を巡回
しており，社務所と守衛詰所が宿直員の執務や就寝等の場所となっていた。

✓ 読み解きポイント

　Xの放火によって焼損した祭具庫や祝詞殿等には，誰も居住していなかったし，
放火当時誰もいなかったから，これらの建物は単独でみれば非現住建造物である。
したがって，Xには非現住建造物放火罪（109条1項）が成立するようにも思える。
　しかし，社務所や守衛詰所は宿直員の執務や就寝の場所であったから現住建
造物であり，その社務所や守衛詰所と祭具庫等とは渡り廊下でつながっていた。そ
こで，社殿全体を1個の現住建造物とみて，これが焼損したとは考えられないだろ
うか。そう考えると，Xには現住建造物放火罪（108条）が成立することになる。
　このように，複数の建造物をそれぞれ独立の建造物とみるか，全体を1個の建造
物とみるかによって罪名が変わる。この点をどのように判断すればよいのだろうか。

決定文を読んでみよう

　「右社殿は，その一部に放火されることにより全体に危険が及ぶと考えられる一体
の構造であり，また，全体が一体として日夜人の起居に利用されていたものと認めら
れる。そうすると，右社殿は，物理的に見ても，機能的に見ても，その全体が1個
の現住建造物であったと認めるのが相当であるから，これと同旨の見解に基づいて現
住建造物放火罪の成立を認めた原判決の判断は正当である。」

⇩ この決定が示したこと ⇩

複数の建造物が全体として1個の建造物と認められるかどうかは，物理的，機能的

にみて一体の建造物といえるかどうかを基準に判断することを示した。

 解説

Ⅰ. 物理的一体性

判例は、複数の建造物が全体として1個の建造物といえるかどうか（建造物の一体性）を物理的一体性と機能的一体性という2つの観点から判断している。

物理的一体性とは、複数の建造物が構造的に一体となっているということである。本決定は、これを「その一部に放火されることにより全体に危険が及ぶと考えられる一体の構造」と表現している。

物理的一体性を認めるためには、複数の建造物が物理的に接続していること（物理的接続性）だけでなく、非現住・非現在部分から現住部分に延焼する可能性のあること（延焼可能性）が必要だとされている。そもそも現住建造物等放火罪が非現住建造物等放火罪より重く処罰されるのは、前者のほうが人の生命・身体に対する危険が高いためである。仮に耐火構造等のために非現住・非現在部分に火をつけても現住部分に延焼する可能性がないのであれば、人の生命・身体に対する危険は生じないから、現住建造物等放火罪で処罰すべきではない。そこで、物理的一体性の要素として延焼可能性が考慮されるのである。本件では、祭具庫等と社務所や守衛詰所が廊下でつながっていて物理的に接続している上、それらの建物や廊下は木造であり、祭具庫等から社務所や守衛詰所に延焼する可能性もあったので、物理的一体性は肯定される。

Ⅱ. 機能的一体性

機能的一体性とは、現住部分と非現住・非現在部分とが日常的に一体として使用されているということである。本決定は、これを「全体が一体として日夜人の起居に利用されていた」と表現している。

複数の建造物を日常的に一体として利用していれば、放火された非現住・非現在の部分に人が訪れる可能性があり、人の生命・身体に対する危険が認められる。そこで、建造物の一体性の判断において機能的一体性が考慮されるのである。本件では、宿直員が夜間も社殿の建物を巡回していたため、機能的一体性が認められる。

Ⅲ. 物理的一体性と機能的一体性の関係

本件では物理的一体性と機能的一体性の両方が存在したため、建造物の一体性を容易に肯定することができた。これに対し、どちらか一方しか存在しないときにも建造物の一体性が肯定されるのかについて、本決定は直接の判断を示していない。

物理的一体性が強ければ、全体が1個の建造物といえるから、機能的一体性がなくても建造物の一体性は肯定されるであろう。一方、物理的一体性がなく、機能的一体性しか存在しない場合については、古い裁判例には建造物の一体性を肯定したものがあるが、最高裁の立場は明らかではない。

*3
［判例**42**］*3参照。

*4
裁判例は、現住部分に火が及ぶ可能性がゼロに等しい場合に限って延焼可能性を否定する傾向にある。東京高判昭和 58・6・20 判時 1105号153頁参照。

*5
大判大正3・6・9刑録20輯1147頁。

44

公共の危険の意義

最高裁平成15年4月14日決定（刑集57巻4号445頁） ▶ 百選Ⅱ-84

事案をみてみよう

農業協同組合

公園 B車 A車 小学校
C車

駐車場 ゴミ

被告人Xは，妻Yと共謀の上，Aの自動車（以下「A車」という）に放火しようと計画し，午後9時50分頃，駐車場に無人で停められていたA車に対し，ガソリン約1.45ℓをかけた上，ガスライターで点火して放火した。A車には約55ℓのガソリンが入っていた。

その駐車場は，市街地にあって，公園や他の駐車場に隣接し，道路を挟んで小学校や農業協同組合の建物に隣接していた。また，A車の左側部から3.8mのところにBの自動車（以下「B車」という）が停められていて，B車の左側部からさらに0.9mのところに別の自動車（以下「C車」という）が停められていた。B車とC車はいずれも無人だった。また，A車の右側部から3.4mの位置にはゴミ集積場があり，可燃性のゴミ約300kgが置かれていた。[1]

消防隊員により消火されたが，消防隊員が現場に到着した頃，A車左後方の炎は高さ約1m，幅約40cm〜50cmに達していた。A車の左右前輪タイヤ，フロントガラス，トランク等が焼損し，さらにB車，C車とゴミ集積場に延焼の危険が及んだ。

浦和地判平成2・11・22判タ752号244頁は，自動車を覆っているボディカバーに火をつけたが，高さ10cmほどの炎になったにすぎず，発見者が7，8回ほど息を吹きかけたら火が消えたという事案において，周囲の建物や自動車等に延焼する危険はなく，公共の危険の発生は認められないとして，建造物等以外放火罪の成立を否定し，器物損壊罪のみの成立を認めた。

✓ 読み解きポイント

本件では，Aの自動車が燃やされたことから，建造物等以外放火罪（110条1項）が成立するかどうかが問題となる。建造物等以外放火罪が成立するためには，燃やそうとした客体（本件ではA車）が焼損しただけでは足りず，公共の危険が発生したことが必要である。もし公共の危険が発生しなければ，建造物等以外放火罪は成立せず，器物損壊罪（261条）が成立するにすぎない。[2]本件では，A車が独立に燃焼して焼損したほか，B車，C車とゴミ集積場に延焼する危険が生じたが，周囲の建物に延焼する可能性が生じたわけではなかった。それでも，公共の危険が発生したといえるのかが争われた。

決定文を読んでみよう

Point

「(1)同法〔刑法〕110条1項にいう『公共の危険』は，必ずしも同法108条及び109条1項に規定する建造物等に対する延焼の危険のみに限られるものではなく，不特定又は多数の人の生命，身体又は前記建造物等以外の財産に対する危険も含まれると解するのが相当である。そして，(2)市街地の駐車場において，被害車両〔A車〕から

の出火により，第 1，第 2 車両〔B 車，C 車〕に延焼の危険が及んだ等の本件事実関係の下では，同法 110 条 1 項にいう『公共の危険』の発生を肯定することができるというべきである。」

⬇ **この決定が示したこと** ⬇

建造物等以外放火罪の「公共の危険」が発生したというためには，108条（現住建造物等放火罪）と109条1項（他人所有非現住建造物等放火罪）に規定されている建造物等に延焼する危険が発生することは必要でなく，不特定または多数の人の生命，身体または財産に危険が発生すれば足りることを示した。

解説

Ⅰ．限定説と非限定説

学説の中には，自己所有非現住建造物等放火罪（109 条 2 項）や建造物等以外放火罪（110 条）の成立要件である「公共の危険」の発生が認められるのは，108 条の客体（現住建造物等）か 109 条 1 項の客体（他人所有非現住建造物等）に延焼する危険が発生した場合に限られるとする見解（限定説）も存在する。

しかし，たとえば，通行人が多数いる道路上でバイクに火をつける場合のように，現住建造物等に延焼しなくても，不特定または多数の人の生命，身体，財産に危険が発生することはありうる。そこで，多数説は，109 条 2 項や 110 条の罪における「公共の危険」の発生が認められるためには，現住建造物等に延焼する危険が発生することは必要でないと解しており（非限定説），本決定も非限定説を採用した（Point-1）。

Ⅱ．公共の危険の判断

ただし，非限定説に立ったとしても，火をつけた物から別の物に延焼する危険が生じれば常に公共の危険の発生が認められるというわけではない。公共の危険の発生が認められるためには，不特定または多数の人の生命，身体，財産に危険が発生することが必要となる。

本件では，現場が市街地の駐車場だったことに注目する必要がある。市街地の駐車場であれば，駐車場やその周辺に人がいる可能性がある。実際，本件の駐車場は小学校や農協の建物等と隣接していた。また，A 車には約 55 ℓ ものガソリンが入っていた上，A 車の近くには B 車，C 車のほか，約 300 kg という大量の可燃性のゴミが置いてあった。そのような状況で自動車に火をつければ，大きく燃え上がって他の自動車やゴミ等に延焼し，その結果，通行人等に危険が及ぶ可能性があった。そのため，不特定または多数の人の生命，身体，財産に危険が生じたといえ，公共の危険の発生が認められたのである（Point-2）。

1. 建造物の一体性

福岡地判平成 14・1・17 判タ 1097 号 305 頁は，ホテルの研修棟に放火して，焼損させた事案である。研修棟それ自体は非現住・非現在建造物であったが，その研修棟は，現住建造物である宿泊棟と渡り廊下（長さ約7.5 m，鉄筋コンクリート構造で，防火シャッターが設置されていた）でつながっていた。福岡地裁は，研修棟と宿泊棟との間には相当に強い機能的連結性が認められるものの，研修棟から宿泊棟に延焼する蓋然性（がいぜんせい）は認められないと指摘し，研修棟は宿泊棟と独立した非現住・非現在建造物であるとして，非現住建造物放火罪（109条1項）の成立を認めた。建造物の一体性の判断において延焼可能性を重視している点に特徴があるといえる。

建造物の一体性は，マンションなどの集合住宅でも問題となる。集合住宅は外観上1個の建造物であり，集合住宅内の各区画は物理的に接続している。しかし，それが不燃性・難燃性建造物であり，ひとつの区画から他の区画に容易に延焼しない場合に，各区画を独立の建造物とみるか，全体を1個の建造物とみるかが問われる。

仙台地判昭和 58・3・28 判タ 500 号 232 頁は，鉄筋10階建てのマンション1階にある医院に放火し，焼損した事案において，すぐれた防火構造を備え，他の区画には容易に延焼しにくい構造となっていたことや，構造上および効用上の独立性が強いことを理由に，非現住・非現在建造物である1階の医院と現住建造物である2階以上の住居部分との一体性を否定し，非現住建造物等放火罪が成立するにすぎないとした。

一方，東京高判昭和 58・6・20 判時 1105 号 153 頁は，鉄骨コンクリート造り3階建てのマンションの空室に放火し，未遂に終わったが，その空室を単独でみれば非現住・非現在建造物であり，また，そのマンションが耐火構造となっていたため，人の居住する他の部屋には容易に延焼しなかったという事案で，「耐火構造といっても，各室間の延焼が容易ではないというだけで，状況によっては，火勢が他の部屋へ及ぶおそれが絶対にないとはいえない構造のものである」として，全体を1個の建造物ととらえ，現住建造物放火未遂罪（112条・108条）の成立を認めた。

最決平成元・7・7 判タ 710 号 125 頁（百選Ⅱ-81）は，鉄骨鉄筋コンクリート造り12階建てのマンションに設置されたエレベーターのかごに放火し，かごの壁面表面の化粧シート約 0.3 m² が溶融，気化して，燃焼した事案である。エレベーターのかごは，それだけを単独でみれば建造物ではないし，人が居住しているわけでもない。そこで，①エレベーターのかごが建造物の一部といえるか，②建造物の一部といえるとして，現住建造物といえるかが問題となる。控訴審は，かごの部分を建造物から容易に取り外すことはできないことから，①の点を肯定し，また，エレベーターと各居住空間とは一体ととらえられるとして，②の点も肯定したが，最高裁は，その判断を支持した。焼損の点については後述する。

2. 不燃性・難燃性建造物と焼損

判例の採用する独立燃焼説からすると，目的物が不燃性・難燃性の建造物であるために全く独立して燃焼しなかった場合には，焼損は認められないことになる。東京地判昭和 59・6・22 判タ 531 号 245 頁は，鉄骨鉄筋コンクリートの建物に放火したが，内壁表面のモルタルが剥離，脱落したにとどまり，建造物自体が独立して燃焼を維持する程度に達しなかった事案において，現住建造物放火未遂罪が成立するにすぎないとした。

一方，前掲最決平成元・7・7 は，エレベーターのかごの壁面が難燃性の材質だったが，壁面の表面の化粧シートが独立に燃焼したことを認定して，現住建造物放火罪の既遂を認めている。

3. 公共の危険の発生の認識

109条2項・110条の罪の客観的要件は，放火して目的物を焼損し，さらに公共の危険を発生させることであるが，その故意を認めるために，放火と焼損の点を認識していれば足りるのか，それとも公共の危険が発生することまで認識している必要があるのかについては，学説の対立がある。他人のバイクに放火して焼損し，さらに別の人の住居に延焼させた事案において，最判昭和60・3・28 刑集 39 巻 2 号 75 頁（百選Ⅱ-85）は，他人所有建造物等以外放火罪の故意としては，放火して目的物を焼損することの認識は必要であるが，公共の危険が発生することの認識までは不要であるとの立場を示し，公共の危険の発生を認識していなかった者についても本罪の成立が認められるとした。

Chapter V

公共の信用に対する罪

Chapter V では，偽造の罪について取り扱う。偽造の罪には，通貨偽造罪，文書偽造罪，有価証券偽造罪などがある。

一万円札などの通貨は，日常生活のさまざまな場面で，支払手段として便利に用いられており，私たちが生活を送る上で欠かせないものである。商品券をはじめとする有価証券も，通貨に準じた役割を果たしている。

さらに，学生証などの文書も，証拠や証明手段として便利に用いられている。文書という形にされることで，〇〇大学の学生であることの証拠となり，日本中のどこでも，そのことを証明する手段となりうる。その他，運転免許証，健康保険証，パスポートなどが挙げられる。

それにしても，なぜ，一片の紙きれなどにすぎない一万円札，商品券，学生証や運転免許証は，このように便利に用いることができるのであろうか。それは，これらの通貨，有価証券，文書が本物であると一般に信用されているからである。これらの不正な作成が当たり前で，こうした信用が壊れた社会では，通貨や有価証券を支払手段として用いたり，文書を証拠や証明手段とすることは難しい。

もし，日本がそのような社会になれば，私たちの生活はとても不便になり，社会全体が大きなダメージを受けるだろう。そうしたことにならないように，刑法では，通貨，有価証券，文書などを不正に作成する行為などを処罰の対象としているのである。

偽造の罪には，さまざまな規定が存在するが，Chapter V では，重要度の高い文書偽造罪，特に，公文書偽造罪，私文書偽造罪の判例についてみていくことにする。

Contents

Introduction

公共の信用に対する罪

> あなたの知らないXという人が，携帯電話ショップで，あなたになりすまして，スマートフォンを利用する契約を申し込んだ。その際，Xは，署名欄にあなたの氏名を記入して契約申込書を作成した。さらに，Xは，本人確認書類として，あなたの氏名などが入った，本物そっくりの運転免許証も作っていた。
>
> このように不正に契約申込書や運転免許証を作成する行為には，文書偽造罪が成立する。本章で扱われる文書偽造罪が問題となる場面が，少しはイメージできただろうか。以下で，詳しくみていくことにしよう。

（公文書偽造等）
155条　①　行使の目的で，公務所若しくは公務員の印章若しくは署名を使用して公務所若しくは公務員の作成すべき文書若しくは図画を偽造し，又は偽造した公務所若しくは公務員の印章若しくは署名を使用して公務所若しくは公務員の作成すべき文書若しくは図画を偽造した者は，1年以上10年以下の懲役に処する。
②③〔略〕

（私文書偽造等）
159条①　行使の目的で，他人の印章若しくは署名を使用して権利，義務若しくは事実証明に関する文書若しくは図画を偽造し，又は偽造した他人の印章若しくは署名を使用して権利，義務若しくは事実証明に関する文書若しくは図画を偽造した者は，3月以上5年以下の懲役に処する。
②③〔略〕

1．はじめに

　運転免許証，学生証，契約書といった文書は，証拠や証明手段として，もはや社会生活に欠かせないものとなっている。もっとも，このように文書を広く用いることが可能なのは，簡単にいえば，これらの文書は本物であるという信用が一般に築かれているからである。こうした文書の真正に対する公共の信用を保護するために，文書偽造の罪が置かれている。154条以下には多くの条文が存在するが，刑法を学ぶ上で特に重要なのは，公文書偽造罪（155条1項）と私文書偽造罪（159条1項）である。この **Chapter** では，これらを中心にみていくことにする。

2．偽造

　155条1項および159条1項にいう「偽造」とは，文書の名義人と作成者との間の人格の同一性を偽ることをいう。偽造という用語を理解する上で，まず，作成者と名義人（作成名義人）という用語を正確に理解しなければならない。作成者とは，文書に示された意思・観念を表示した者をいう。これに対し，名義人とは，文書上，作成者とみられる者をいう。

　エンピツくんの例でいえば，契約申込書の場合，契約書に書かれている申込みの意思を実際に示したのはXだから，Xが作成者である。しかし，文書を見る限り，契約申込みの意思を示したとみられるのは，あなたなので，あなたが名義人である。よって，Xは名義人と作成者との間の人格の同一性を偽ったといえる。このように他人が作成者とみられるような，つまり他人を名義人とする文書を断りなく作成する行為が偽造なのである。運転免許証の場合，名義人は各都道府県の公安委員会だが，作成

者は X なので，偽造したといえる。ただ，名義人と作成者との間の人格の同一性を偽ったといえるかが微妙な事案も，少なからず存在する［→判例 **46**，判例 **47**］。

3. 文書

文書とは，文字などによって物体の上に記載した意思・観念の表示をいい，ここでいう物体は紙に限られず，学生証や運転免許証のようなプラスチックカードなども含まれる（陶器を文書とした裁判例もある）。

文書といえるためには，誰の意思・観念の表示かが明確でなければならない。誰が作成者か書面上明らかでなく，名義人が特定できない場合，そうした書面は有効な証拠にも証明手段にもなりえないため，保護する必要がないからである。エンピツくんの例に出てくる契約申込書の署名欄が空白であったなら，誰が契約申込みの意思を表示したのか不明なので，文書性が否定される。この問題は，コピーの文書性という論点と関係する［→判例 **45**］。

なお，公文書と私文書の区別は，名義人が公務所・公務員か私人かにより区別される。公的な手続で用いられる文書であっても，私人を名義人とする文書の場合には，私文書となる点に注意してほしい［→判例 **47**］。

4. 名義人の承諾

名義人の承諾を得て文書を作成する行為は，原則として，偽造ではない。たとえば，交通事故で入院中の社長が秘書に依頼して，社長を名義人とする契約書を作成させたとしよう。この場合，社長は自分を名義人とする文書の作成に承諾することで，秘書を通じて，文書に自己の意思・観念を示したといえる。したがって，作成者は社長であり，名義人も社長なので，人格の同一性にズレを生じさせていない。よって，偽造にはあたらないのである。もっとも，承諾があっても，場合によっては，文書偽造罪が成立することがありうる［→判例 **47**］。

*1｜意思・観念の表示

さしあたり，簡単にいえば，考えなどを示したもののことである。契約申込書の例では，「内容を正確に理解した上で，契約を申し込みます」といった意思・観念が表示されているといえる。

*2｜

氏名や生年月日など，記載内容がすべて真実であったとしても，「偽造」にあたる。なぜなら，作成者と名義人の人格の同一性を偽ること，言い換えれば，権限なく他人の名義を用いて文書を作成することが「偽造」なのであり，内容が真実かどうかは関係ないからである。

*3｜

より正確には，文字またはこれに代わるべき可視的符号により，一定期間永続すべき状態において，ある物体の上に記載した，人の意思・観念の表示をいう（大判明治43・9・30刑録16輯1572頁参照）。

👓 事案をみてみよう

被告人Xは，供託金の供託[*1]を証明するために必要な供託金受領証の写し（原本ではなく，控えの文書。コピー）として行使する目的をもって，真正な供託金受領証の写しであるかのような外観を有するコピー[*2]5通[*3]を作成した。その方法は，法務局供託官Aを名義人とする真正な供託金受領証から，Aの記名印および公印押捺部分を切り取り，虚偽の供託事実を記入した供託書用紙に貼りつけ，コピー機で複写するというものであった。

*1 | 供託

金銭などを供託所にあずけることをいう。この制度が利用される場面はいろいろであるが，本件で問題になっているのは，宅地建物取引業法25条に基づく供託である。同条によれば，宅地建物取引業者は，事業開始にあたり，営業保証金を供託しなければならないとされている。この制度により，取引の相手方が不動産取引で損害を受けたときに，それが補償される環境を整えることで，消費者保護が図られている。

*2

本判決が出された当時は，「写真コピー」といわれていたようであるが，今日では，「コピー」というのが一般的であろう。

☑ 読み解きポイント

コピー機が登場する以前には，原本の写しを手書きで作成していたが，こうした手書きによる写しは，原則として，文書偽造罪の「文書」にあたらない。内容の改ざんが容易で，証明手段としての信用性が低いからである。さらに，ふつうの場合，誰が写しを作成したのか書面上からは明らかでないため，名義人が特定できない。名義人が特定できない書面は「文書」ではない[*4]。誰が作成したかが示されていない書面は証拠としての価値が低く，刑法による保護に値しないからである。

以上の議論は，本物がそのままそっくり再現されたコピーにもあてはまるだろうか。第1審，控訴審は，あてはまると考えて，文書偽造罪（本件で問題となったのは公文書なので，公文書偽造罪〔155条1項〕）の成立を否定した。多数説も同様に考えている。これに対し，本判決はどのように判断したか。この点に注意して読み解こう。

📖 判決文を読んでみよう

\ Point /

「公文書偽造罪は，公文書に対する公共的信用を保護法益とし，公文書が証明手段としてもつ社会的機能を保護し，社会生活の安定を図ろうとするものであるから，公文書偽造罪の客体となる文書は，これを原本たる公文書そのものに限る根拠はなく，たとえ原本の写であっても，原本と同一の意識内容を保有し，証明文書としてこれと同様の社会的機能と信用性を有するものと認められる限り，これに含まれる」。

「本件写真コピーは，いずれも，……公務員である供託官がその職務上作成すべき同供託官の職名及び記名押印のある供託金受領証を電子複写機で原形どおり正確に複写した形式，外観を有する写真コピーであるところ，……原本と同様の社会的機能と信用性を有する文書と解するのが相当である。してみると，本件写真コピーは，前記供託官作成名義の同供託官の印章，署名のある有印公文書に該当し……被告人の本件

行為は，刑法155条1項……に該当する」。

> ⇩ **この判決が示したこと** ⇩
>
> 　コピー機で原本を正確に複写した形式・外観を有するコピーのように，原本と同一の意識内容を有し，証明文書として原本と同様の社会的機能と信用性を有するものであれば，原本作成者（A）を名義人とする「文書」にあたりうることを示した。

 ## 解説

Ⅰ．社会的機能と信用性

　写しが手書きで作成されていた時代，写しは，そもそも文書偽造罪の「文書」にあたらないと考えられてきた。原本の内容を改ざんすることが容易で，証拠としての価値が低く，その社会的機能や信用性において，原本とは大きな差があるからである。しかし，コピー機を用いたコピーは，原本を正確に複写した形式・外観を有しており，手書きによる場合とは，その再現性が大きく異なる。そして，コピー機が普及した社会において，もはや原本の提出を求めず，コピーを証明手段として用いることが広く行われてもいる。本判決はこのようなことを指摘し，コピーは，原本と同様の社会的機能と信用性を有しているから，証拠としての価値が低い手書きによる写しとは異なり，文書偽造罪の「文書」にあたりうるとしたのである。

Ⅱ．コピーの名義人

　写しが「文書」にあたらないと考えられてきたのは，名義人が特定できないことも理由のひとつであった。原本で表示されているのは，本件でいえば，「供託金を受領しました」という意思内容である。そして，これを表示したのは，書面の形式から判断すれば，供託官Aということがわかる。よって，原本は，Aが名義人の「文書」なのである。これに対して，写しはどうか。仮に，この受領証を手書きで写した場合，「この写しと同じ内容の供託金受領書の原本が存在します」ということが，暗に示される形で，表示されているにすぎない。よって，通常は，これを表示したのは（すなわち名義人は），写しの作成者であると考えられる。ところが，誰が写し作成者なのか書面上に書かれておらず，したがって名義人が誰であるか特定できないことが多い。そのため，写しは「文書」ではないと取り扱われてきたのである。

　しかし，本判決は，コピー機で原本を正確に複写した形式・外観を備えているコピーについては，手書きの場合とは異なり，原本作成者が原本に表示した意思内容が，そのまま直接的に伝達され，保有されているとする。したがって，もはや写し作成者ではなく，Aを名義人とする文書にあたるとして，文書偽造罪の成立を認めたのである（本件の文書は公文書であり，しかも，Aの記名印や公印が押された部分も，白黒ではあるが，正確に複写されているから，有印文書にあたるとした）。

*3｜
Xは写し（コピー）として用いるためにコピーを作成している。コピーの文書性という論点では，このように，コピーとして用いることを前提に不正に作られた書面も「文書」にあたるかが問題となっている点に注意しなければならない。（同じようにコピー機を使って作られたものであっても，）原本として用いることを前提に不正に作られた書面が「文書」にあたることはいうまでもない。

*4｜
さしあたり簡単にいえば，名義人とは，書面上に示された意思内容は誰が表示したのかを考えたとき，「書面から判断する限りでは，この人がこの書面の意思内容を表示した者だ」と特定される者のことである（詳しくはIntroduction〔p. 116〕参照）。写しとは，「この写しと同じ内容の原本が存在します」という意思を表示した書面だから，写した者が誰かということを書面上から特定できない限り，「文書」ではないということになるのである。

*5｜社会的機能
要するに，社会における役割や利用方法などのことである。

*6｜
コピーも，ふつうは，写しであることが容易にわかるし，Xが行ったような形での内容の改ざんも，さほど難しいことではないから，手書きの写しと同じように，証拠としての価値が低いとみて，「文書」にあたらないと考えることも十分可能である。このように考える立場が多数説である。

119

<table>
<tr><td>**46**</td><td>**同姓同名の弁護士の肩書きの冒用（ぼうよう）**</td></tr>
</table>

最高裁平成5年10月5日決定（刑集47巻8号7頁） ▶ 百選Ⅱ-94

事案をみてみよう

　被告人甲野一郎は，弁護士資格を有しないのに，第二東京弁護士会に所属する弁護士Aが同姓同名であることを利用して，同弁護士であるかのようにふるまっていた。そして，被告人を弁護士と信じていた不動産業者Bから弁護士報酬を得ようとして，①「第二東京弁護士会所属，弁護士甲野一郎」と記載した「弁護士報酬金請求について」と題する書面，②「甲野法律事務所大阪出張所，第二東京弁護士会所属，弁護士甲野一郎」と記載した振込依頼書，③「甲野法律事務所（大阪事務所），弁護士甲野一郎」と記載した請求書等を作成して，Bに交付した。

> ☑ **読み解きポイント**
>
> 　本件では，①～③の文書を作成したことにつき，私文書偽造罪（159条1項）が成立するかが問題となる。本件の場合，同姓同名なのだから，被告人は，自分を名義人とする文書を作成したにすぎないともいいうる。もっとも，弁護士の肩書きを冒用[*1]していることもあわせて考えると，文書の名義人は，被告人ではなく，第二東京弁護士会所属の弁護士Aであり，Aを名義人とする文書を不正に作成したともいえそうである。
>
> 　本決定は，こうした問題につき，どのように述べて，私文書偽造罪の成立を肯定しているか。この点に注意して読み解こう。

*1 | 冒用
当事者の知らないうちに，名義・名称を不正に使うこと（大辞林より）。

決定文を読んでみよう

　「私文書偽造の本質は，文書の名義人と作成者との間の人格の同一性を偽る（いつわ）点にあると解されるところ……，被告人は，自己の氏名が第二東京弁護士会所属の弁護士甲野一郎と同姓同名であることを利用して，同弁護士になりすまし，『弁護士甲野一郎』の名義で本件各文書を作成したものであって，たとえ名義人として表示された者の氏名が被告人の氏名と同一であったとしても，本件各文書が弁護士としての業務に関連して弁護士資格を有する者が作成した形式，内容のものである以上，本件各文書に表示された名義人は，第二東京弁護士会に所属する弁護士甲野一郎であって，弁護士資格を有しない被告人とは別人格の者であることが明らかであるから，本件各文書の名義人と作成者との人格の同一性にそご[*2]を生じさせたものというべきである。したがって，被告人は右の同一性を偽ったものであって，その各所為（しょい）について私文書偽造罪，

*2 | 齟齬（そご）
ずれ，食い違いのこと。

120

同行使罪が成立する」。

⇩ **この決定が示したこと** ⇩

　実在する弁護士と同姓同名の者が，弁護士の肩書きと自己の氏名を用いて文書を作成しても，直ちに私文書偽造罪にはあたらない。しかし，その文書が，弁護士としての業務に関連し，弁護士資格を有する者が作成した形式，内容のものであるときは，もはや自己名義ではなく，実在する弁護士を名義人とする文書であり，名義人と作成者との間の人格の同一性にそごを生じさせているので，私文書偽造罪が成立することを示した。

 解説

Ⅰ．偽造の定義

　従来より，偽造とは，権限なく，他人を名義人とする文書を作成することをいうと定義されている。しかし，昭和50年代より，この定義を形式的にあてはめるだけでは，すっきりと解決できない事案が現れるようになった。本件もそうだが，被告人が作成した文書が，自己名義とも他人名義ともとれる微妙なケースが問題となったのである。そこで，判例は，上記の定義はふまえつつも，その本質において，偽造とは，文書の名義人と作成者との間の人格の同一性にそごを生じさせることであると言い換えて，事案の解決を図っている。[*3]

Ⅱ．本決定における判断

　本件の場合，①〜③の文書の作成者は，もちろん被告人である。問題なのは，名義人は誰かということである。名義人とは，文書上，作成者とみられる者のことである。[*4]つまり，各文書における「弁護士甲野一郎」という記載が，被告人を指しているのか，それとも，弁護士Aを指しているのか，これらの文書を見たとき，ふつうならどのように考えるかが重要となる。もし，Aだということになれば，被告人は他人名義の文書を権限なく作成し，名義人と作成者との間の人格の同一性に食い違いを生じさせたといえるので，「偽造した」といえることになる。

　この点，③の文書には，「第二東京弁護士会所属」の記載はない。さらに，①〜③の文書は，基本的に被告人とBの間でのみ用いられるもので，学生証のように，いろいろな場所でさまざまな人に見せるといった形で広く用いられるものではない。これらの事情に照らせば，各文書における「弁護士甲野一郎」の記載は，被告人を指しているとみることも不可能ではない。

　しかし，本決定は，各文書が，弁護士としての業務に関連するものであること，弁護士資格を有する者が作成した形式，内容のものであることを重視している。このような観点からは，本件の各文書の名義人は実在する弁護士Aであり，作成者である被告人との間には人格の同一性に食い違いがあるから，偽造にあたるとしたのである。

*3 |
最判昭和59・2・17刑集38巻3号336頁（百選Ⅱ-93）がリーディングケースである（先例として強い影響力を持つ）。この昭和59年判決は，本決定をはじめとして，多くの最高裁判例で引用されている。

*4 |
さしあたり簡単にいえば，判例・通説の基本的な考え方によると，作成者とは，書面上に表現されている意思内容を実際に示した者のことをいうとされている。そうすると，名義人は，文書上，そのようにみられる者，つまり，書面上に示された意思内容を示したのは誰かを考えたとき，「書面から判断する限りでは，この人が表示した者だ」と特定される者のことである。このように特定された名義人とは別人が，権限なく，この名義を用いて文書を作成した場合，言い換えれば，書面上の意思内容を実際に示したのが，名義人とは違う人だった場合には，「偽造」にあたることになる（Introduction〔p.116〕も参照）。

47

名義人の承諾と私文書偽造罪の成否

最高裁昭和56年4月8日決定（刑集35巻3号57頁）　　　　　　　▶百選Ⅱ-97

🔍 事案をみてみよう

　酒気帯び運転などによる運転免許停止処分を受けた被告人Ｘは，Ａにそのことを話した。すると，Ａは，「免許がなかったら困るだろう。俺が免許証を持っているから，俺の名前を言ったら」とすすめて，自分の運転免許証を見せ，メモ用紙に自分の本籍，住居，氏名，生年月日を書いて，Ｘに渡した。数週間後，Ｘは無免許運転をし，警察官から運転免許証を見せるよう言われたので，「免許証は家に忘れて来ました」と言って，Ａの氏名などを告げ，交通事件原票の中にある供述書欄の最下部に「Ａ」と署名し，これを警察官に提出して，免許証不携帯による反則金2000円ということで，その場をきりぬけた。

＊1｜無免許運転と免許証不携帯

無免許運転とは，そもそも運転免許証を取得していない，あるいは取得はしたが，その停止中や失効後に，自動車を運転することをいう。これに対し，免許証不携帯とは，有効な免許証を有しているが，たまたま家に忘れるなどして，免許証を携帯することなく，自動車を運転することをいう。無免許運転は，重大な違反行為であり，懲役刑または罰金刑が科されうるが，免許証不携帯は，軽微な違反行為であり，数千円の反則金が予定されている。

＊2｜供述書＝私文書

交通事件原票には，「供述書」という欄が設けられ，そこには「私が上記違反をしたことは相違ありません。事情は次のとおりであります。」という文字が記載され，この下に違反者が署名する形式になっている。なお，この供述書は交通事件処理という公的な手続で用いられることから，公文書だと勘違いする人がいるが，交通違反をした私人の名義で作成されるものだから，私文書であることに注意したい。

✅ 読み解きポイント

　本件では，Ｘが，供述書という私文書をＡの名義で作成した行為につき，私文書偽造罪（159条1項）が成立するかが問題となっている。たとえば，Ｐが他人であるＱの名義の私文書を作成しても，名義人Ｑの承諾を得ている限り，「偽造」にはあたらないのが原則である。なぜなら，文書に示された意思内容は，承諾を与えたＱに由来しているので，作成者はＱであり，文書上の名義人Ｑとの間の人格の同一性にそごを生じさせていないからである。したがって，社長から承諾を得ている社員が，社長を名義人とする売買契約書を作成した場合，作成者は社長であり，名義人と作成者の人格は一致するので，「偽造」にはあたらない。

　このような原則からすると，本件でも，名義人Ａの承諾がある以上，私文書偽造罪は不成立となりそうである。しかしながら，本件の供述書も，契約書などと同じように考えてよいのだろうか。自分の名義を他人が用いることにつき，承諾したりしなかったりすることになじむような文書なのかという疑問も生じよう。こうした問題につき，本決定はどのような判断をしているか。この点に注意して読み解こう。

📖 決定文を読んでみよう

　「交通事件原票中の供述書は，その文書の性質上，作成名義人以外の者がこれを作成することは法令上許されないものであって，右供述書を他人の名義で作成した場合は，あらかじめその他人の承諾を得ていたとしても，私文書偽造罪が成立すると解すべきである」。

*3│
作成者,名義人,偽造の
定義については,〔判例
46〕,Introduction
(p.116)参照。

> ⇩ **この決定が示したこと** ⇩
>
> 文書の性質上,名義人以外の者が作成することが法令上許されない場合には,承諾を得ていたとしても,他人名義の文書を作成すれば,私文書偽造罪が成立することを示した。

 ## 解説

Ⅰ． 判例の立場

　本決定は,たとえ承諾を得ていたとしても,交通事件原票の中にある供述書を他人の名義で作成する行為には私文書偽造罪が成立することを,最高裁として初めて認めた判例である。[*4] 本決定,さらには,そのすぐ後に出された最高裁決定により[*5],これは確立した判例となっている。

　〔読み解きポイント〕でも述べたように,名義人の承諾を得ている限り,その他人の名義で文書を作成しても私文書偽造罪は成立しないのが原則である[*6]。なぜなら,承諾を与えた者が作成者となるため,名義人と作成者との間の人格の同一性にそごは生じないからである[*7]。本決定の結論は,こうした原則を破るものであるから,かかる結論を導く理由が明確に述べられることが望ましい。しかしながら,最高裁は,文書の性質上,名義人以外の者が作成することは許されないことを指摘するにとどまっている[*8]。供述書のどのような性質に着目したのかは,残念ながら,明らかにされなかった。

Ⅱ． 学説の対応

　このように最高裁の理由づけはきわめて不十分なものだが,多数説は,本決定で示された結論,および,文書の性質に着目する理由づけの枠組みには賛成している。むしろ,文書のいかなる性質に着目すべきかが,議論の中心となっており,これについて2つの有力な見解が唱えられている。

　ひとつの見解によれば,交通違反の法的責任は,AがXの代わりに引き受けることが許されるものではないため,Aは自分の名義で交通事件原票の供述書を作成することについて,Xに承諾を与えることはできないとされる。したがって,供述書に示された意思内容はAに由来するとはいえないため,作成者はAではなく,Xだということになる。そうすると,本件の供述書の作成者はX,名義人はAであり,その間の人格の同一性にそごを生じさせているため,「偽造」にあたると説明される。

　もうひとつの見解によれば,本件のような文書は,その性質上,一定の場所的状況で,一定の属性を持った者だけが作成できる文書である点に着目すべきだとされる。それによると,交通事件原票の供述書は,その性質上,警察官によって交通違反者と現認された者だけが作成できる文書であるから,本件の供述書の名義人は,単なるAではなく,「警察官によって交通違反者と現認されたA」(実際には存在しない,いわゆる虚無人)であり,そもそも現場にすらいなかったAとは,別人格ということになる。したがって,Aの承諾があっても,Xには私文書偽造罪が成立するというわけである。

*4│
下級審裁判例として,東京高判昭和50・1・28高刑集28巻1号22頁など。

*5│
最決昭和56・4・16刑集35巻3号107頁。

*6│
本決定もこうした原則をふまえているとみるのが,一般的な理解である。

*7│
いわゆる替え玉受験のケースでも,同様のことが問題となる。大学入試における替え玉受験生に,私文書偽造罪の成立を認めた最高裁判例がある(最決平成6・11・29刑集48巻7号453頁〔百選Ⅱ-88〕)。

*8│
前掲最決昭和56・4・16も,「このような供述書は,その性質上,違反者が他人の名義でこれを作成することは,たとい名義人の承諾があっても,法の許すところではないというべきである」というにとどまり,それ以上の理由は述べていない。

1. 通称の使用

すでにみたように，159条の「偽造」とは，文書の名義人と作成者との間の人格の同一性を偽ることをいうが，名義人や作成者をどのように特定するかは難しい問題である。名義人の特定に関する重要判例として，最判昭和59・2・17刑集38巻3号336頁（百選Ⅱ-93）が挙げられる。事案は，外国人である被告人が，外国に渡航する際，通称のA名義を用いて再入国許可申請書を作成したというものである。被告人は密入国した後，Aの氏名が記載され，自己の写真が貼られた外国人登録証明書を不正に取得し，30年近く，Aの氏名を公私にわたり用いていた。本判決は，「再入国許可申請書の性質にも照らすと，本件文書に表示されたAの氏名から認識される人格は，適法に本邦に在留することを許されているAであって，密入国をし，なんらの在留資格をも有しない被告人とは別の人格であることが明らかである」と述べて，私文書偽造罪の成立を肯定した。文書の性質に照らし，適法な在留資格の有無が人格の同一性に影響を及ぼすという判断を示したものといえる。

2. 偽名の使用

最決平成11・12・20刑集53巻9号1495頁（百選Ⅱ-95）では，被告人が，Aという偽名で就職しようと考え，虚偽の氏名（A），生年月日，住所，経歴等を記載した履歴書を作成したが，顔写真は被告人のものであったという事案について，この履歴書の名義人は誰かが問題となった。本決定は，「文書の性質，機能等に照らすと，……文書に表示された名義人は，被告人とは別人格の者である」と述べて，私文書偽造罪の成立を認めた。就職先にとっての関心事は，氏名，生年月日，住所，経歴などであり，これらを総合して人格を特定するため，被告人の写真が貼ってあるが，そうした顔立ちの別人格Aが名義人だと判断したのである。

3. 資格の不正使用

同じく名義人の特定が問題となった判例として，最決平成15・10・6刑集57巻9号987頁（百選Ⅱ-96）がある。事案は，被告人が偽の国際運転免許証を作成したというものである。被告人は，その発給者として，そもそも実在するかが定かでない「国際旅行連盟」と記載し

ていた。被告人は，この団体がメキシコに実在する民間団体で，この文書の作成を依頼されていたと主張した。本決定は，「本件文書の記載内容，性質などに照らすと，ジュネーブ条約に基づく国際運転免許証の発給権限を有する団体により作成されているということが，正に本件文書の社会的信用性を基礎付けるものといえるから，本件文書の名義人は，『ジュネーブ条約に基づく国際運転免許証の発給権限を有する団体である国際旅行連盟』である」と述べた上で，仮に被告人の主張が本当だったとしても，こうした発給権限のない国際旅行連盟とは別人格であるとして，私文書偽造罪の成立を認めた。発給権限を有する者による作成が予定された文書であることに照らし，発給権限の有無が人格の同一性に影響を及ぼすと判断したものといえる。

4. 代理・代表名義の不正使用

たとえば，Xが，Aの代理人または法人Aの代表者を装い，「Aの代理人X」「○○法人A代表X」と記した文書を作成した場合，文書偽造罪は成立するだろうか。ここでも文書の名義人は誰かが問題となる。最決昭和45・9・4刑集24巻10号1319頁（百選Ⅱ-92）は，「文書によって表示された意識内容にもとづく効果が，代表もしくは代理された本人に帰属する形式のものであるから，その名義人は，代表もしくは代理された本人であると解するのが相当である」と判示した。つまり，先の例では，名義人はAであり，Aの名義を無断で用いて文書を作成したXには，文書偽造罪が成立する。本決定は，学校法人の理事会で，理事長選任などの結論が出なかったにもかかわらず，被告人Xは，Xを理事長に選任し，Xを議事録署名人とすることを可決したなどと記載し，末尾に理事録署名人Xと記した理事会決議録を作成したという事案について，「理事録署名人という記載は，普通人をして，同理事会を代表するものと誤信させるに足りる資格の表示と認められるのであるから，被告人らは，同理事会の代表者または代理人として同理事会の議事録を作成する権限がないのに，普通人をして，同理事会を代表するものと誤信させるに足りる理事録署名人という資格を冒用して，同理事会名義の文書を偽造した」と述べて，私文書偽造罪の成立を認めた。理事会を名義人とする文書であるととらえている点が重要である。

Chapter

VI

国家作用に対する罪

　Chapter VI では，国家的法益に対する罪を取り扱う。ふだんの生活の中では，あまり意識しないかもしれないが，国をはじめとして，県や市などの地方公共団体が存在し，適切に機能することで，私たちは支障なく生活を営むことができている。もし，国や地方公共団体の存在そのものが脅（おびや）かされたり，あるいは，それらがうまく機能せず，その働きが阻害されれば，私たちは少なからぬ不利益を受け，困った事態が生じることになってしまう。

　そこで，日本の刑法では，国家的法益に対する罪が定められている。これには，国家の存立に対する罪と国家の作用に対する罪という2つのグループがある。前者の例として，外国と通（つう）謀（ぼう）して日本国に対し武力を行使させた場合に成立する外患誘致罪が挙げられる。さらに内乱罪も，ここに属する。要するに，国家の存在や体制を根本的に否定し破壊しようとする犯罪である。これに対し，国家作用に対する罪とは，国家の立法・行政・司法の作用を侵害する犯罪のことである。指名手配犯をかくまった場合などに成立する犯人蔵匿罪（ぞうとく）・隠避罪（いんぴ）は刑事司法作用に向けられた犯罪であり，このグループに属する。同じくこのグループに属する公務執行妨害罪は，立法・行政・司法のいずれの作用をも侵害しうる犯罪である。

　Chapter VI では，国家作用に対する罪のうち，裁判例も多く，特に重要な，公務執行妨害罪，犯人蔵匿・隠避罪，賄賂罪（わいろ）の判例を中心にみていくことにしたい。

Contents

Introduction

国家作用に対する罪

> あなたが駅前通りを歩いていたとき，知り合いの X が通行人を一方的に殴っているのを目撃した。あなたは近づいて，殴るのをやめさせようとしたところ，パトロール中の警察官がやってきて，X を取り押さえようとした。しかし，興奮していた X は，警察官の顔面を殴ってしまった。この行為は公務執行妨害罪にあたる。公務執行妨害罪とはどのような犯罪か，以下でみていくことにしよう。

（公務執行妨害及び職務強要）
95条 ① 公務員が職務を執行するに当たり，これに対して暴行又は脅迫を加えた者は，3年以下の懲役若しくは禁錮又は50万円以下の罰金に処する。
② 〔略〕

＊1
ただし，無罪となるわけではなく，暴行罪（208条）は成立しうる。

1. 公務執行妨害罪

公務執行妨害罪（95条1項）は，名前が示すとおり，公務員の執行する職務（公務）を妨害した場合に成立する犯罪である。特に注意したいのは，公務員に暴行・脅迫を加えたすべての場合に成立するわけではないという点である。このことを明らかにしたのが，「職務を執行するに当たり」という要件である。たとえば，休憩中の警察官を殴った場合，職務の執行中ではないので，公務執行妨害罪は成立しない。[＊1]

公務執行妨害罪で保護される職務行為は，適法でなければならない。エンピツくんの事例で，警察官が X を取り押さえる行為は，明らかに適法な職務行為である。もっとも，職務行為が適法か違法か，判断が難しいケースもある。たとえば，警察官が，あなたも一緒に殴っているとみて，あなたを取り押さえようとする行為は，常に違法だといいきれるだろうか。こうした問題が争われた裁判例は少なくない［→判例 **48**］。

> あなたが家でテレビをみていると，高校時代の同級生から電話がかかってきて，「自動車で人をひいてしまった。警察につかまりたくないから，しばらく，君の家でかくまってほしい」と頼まれた。もし，あなたが，同級生を自宅でかくまえば，犯人蔵匿罪という犯罪が成立する。さらに「遠い場所に逃げたいので，30 万円貸してほしい」と頼まれ，言われたとおりに貸せば，犯人隠避罪が成立する。以下では，これらの犯罪についてみていくことにしよう。

（犯人蔵匿等）
103条 罰金以上の刑に当たる罪を犯した者又は拘禁中に逃走した者を蔵匿し，又は隠避させた者は，3年以下の懲役又は30万円以下の罰金に処する。

2. 犯人蔵匿罪・犯人隠避罪

犯人蔵匿罪・隠避罪（103条）は，犯人をかくまった場合に成立する，国の刑事司法作用に向けられた犯罪である。かくまう方法の違いに応じて，「蔵匿」と「隠避」

という2つの行為が規定されている。蔵匿とは，警察官などによる発見・逮捕を免れるための隠れ場所を与えてかくまうことである。エンピツくんの事例で，あなたの同級生は，罰金以上の刑が規定された過失運転致死傷罪[*2]などの罪を犯した者であり，あなたの家という隠れ場所を与えることは，蔵匿にあたる。

これに対し，隠避とは，蔵匿以外の方法で，警察官などによる発見・逮捕を免れさせる，あらゆる行為のことである。エンピツくんの事例で，あなたが逃走資金を提供することは隠避にあたる。あるいは，あなたが「運転していたのは私です」と嘘をついて，身代わり犯人として警察に出頭する行為も隠避にあたる。このように，さまざまな行為が隠避にあたりうるため，その限界が問題となる［→判例 **49**］。

> 帰宅途中に，あなたは持っていたバッグをひったくられたが，たまたま近くにいたパトロール中の警察官が，犯人を捕まえてバッグを取り戻してくれた。ここで，あなたが「お礼です」と言って3万円を差し出し，警察官が受け取ったとしよう。この場合，警察官に収賄，あなたには贈賄罪という犯罪が成立する。賄賂の罪はどのような犯罪か，以下でみていくことにしよう。

3. 賄賂の罪

197条以下で規定されている賄賂の罪は，賄賂を受け取る側を処罰する収賄罪（197条など）と，渡す側を処罰する贈賄罪（198条）から成り立っている。明治40年に刑法が制定されてから今日まで，抜け道をふさぐことなどを目的に，収賄罪を中心に改正が繰り返されてきたこともあって，複雑な規定ぶりとなっている。

賄賂の罪を学ぶ上で重要なのは，197条などでみられる「職務に関し」という要件である。この要件は，公務員の職務行為と賄賂とが対価関係に立つことを意味する。エンピツくんの事例を用いて，さしあたり簡単に説明すると，警察官が現行犯人を捕まえることは職務行為であり，そのお礼に3万円のやりとりが行われているので，こうした対価関係は認められる。これに対し，警察官が結婚祝いに友人から3万円[*3]を受け取っても，職務とは切り離されたプライベートに関するものなので，対価関係は認められない。

以上は結論が明白な具体例であるが，実際の事案では，「職務に関し」といえるか微妙な場合もあり，とりわけ職務行為の範囲をめぐり争われた裁判例が多い。この**Chapter**では，警察官の職務行為の範囲が問題となった判例を取り扱う［→判例 **50**］。

*2

自動車の運転により人を死傷させる行為等の処罰に関する法律
5条「自動車の運転上必要な注意を怠り，よって人を死傷させた者は，7年以下の懲役若しくは禁錮又は100万円以下の罰金に処する。ただし，その傷害が軽いときは，情状により，その刑を免除することができる。」

（収賄，受託収賄及び事前収賄）
197条 ① 公務員が，その職務に関し，賄賂を収受し，又はその要求若しくは約束をしたときは，5年以下の懲役に処する。この場合において，請託を受けたときは，7年以下の懲役に処する。
② 〔略〕

（贈賄）
198条 第197条から第197条の4までに規定する賄賂を供与し，又はその申込み若しくは約束をした者は，3年以下の懲役又は250万円以下の罰金に処する。

*3 | 適法な職務行為
犯人の逮捕という適法で公正な職務行為の対価として金銭をやりとりすることが犯罪であることに疑問を抱く人もいるかもしれない。しかし，条文では「職務に関し」とのみ規定され，特に限定はされていない。職務行為は適法であっても，違法であっても，その対価として金銭などのやりとりをすれば，賄賂の罪が成立しうるのである。

48 職務行為の適法性の判断基準

大阪高裁昭和40年9月9日判決（判例集未登載）

 事案をみてみよう

　警察官AおよびBは，パトロール中，被告人Xが日本刀を所持していたことから，銃刀法違反の現行犯で逮捕しようとした際，Xが被告人Yに何かを手渡している気配がしたので，Bが両名の間に割って入った。そうしたところ，Yの腹のあたりから，けん銃が落ちてきたので，Yを銃刀法違反の現行犯で逮捕しようとしたところ，XとYは，逮捕を免れるため，AとBに共同して暴行を加えた。

　第1審は，Yの銃刀法違反の点について，無罪を言い渡したが，XY両名に公務執行妨害罪（95条1項）は成立するとした。

*1 | 銃刀法

けん銃や刀剣の所持などの禁止と罰則を定めた法律である。本件当時の正式名称は「銃砲刀剣類等所持取締法」であったが，昭和40年の改正法施行により「銃砲刀剣類所持等取締法」という名称に改められた。

*2 | 現行犯逮捕

現に罪を行い，または現に罪を行い終わった者などを，現行犯人という（刑訴212条）。現行犯人は，誰でも，逮捕状なしで逮捕することができる（刑訴213条）。

*3 |

第1審判決が判例集未登載のため，無罪となった理由は定かではない。弁護人の上告趣意によれば，仮にYが約30秒ぐらい瞬間的にけん銃を持ったのだとしても，いずれにせよ，それだけでは銃刀法にいう所持にはあたらないとされたようである。

 読み解きポイント

　公務執行妨害罪が成立するためには，妨害の対象となる職務行為が適法なものでなければならない（判例・通説）。職務行為が適法かどうかを，どのような基準で判断するかをめぐって見解の対立がある。公務員が適法であると信じて行っている限り適法だとする主観説，職務執行が外形的にみて法令に違反しているかどうかにより判断する客観説があるが，本判決では，いかなる見解が採用されているか。

　また，第1審判決によれば，Yには銃刀法違反の事実は認められなかったのだから，結果的にみれば，AとBは，何も犯罪を行っていないYを現行犯逮捕しようとしたことになる。つまり，事後的にみれば，AとBの職務行為（現行犯逮捕）は違法であったともいいうる。そうだとすると，違法な職務行為に抵抗したXとYには，公務執行妨害罪は成立しないとも考えられよう。しかし，見方を変えれば，これは結果論といえるかもしれない。本件の行為が問題となった状況で，AとBがYを現行犯逮捕することは違法なのだろうか。こうした事後的判断か行為時判断かという問題につき，本判決は，いかなる見解を示しているか。これらの点に注意して読み解こう。

 判決文を読んでみよう

Point

　「公務執行妨害罪が成立するには公務員の職務行為が適法であることを要するのは所論のとおりであるが，職務行為の適否は事後的に純客観的な立場から判断されるべきでなく，行為当時の状況にもとづいて客観的，合理的に判断さるべきであって，前段認定のごとき状況の下においては，たとえYの前示所持が同法〔銃刀法〕違反罪の構成要件に該当せずとして事後的に裁判所により無罪の判断をうけたとしても，その当時の状況としてはYの右挙動は客観的にみて同法違反罪の現行犯人と認められる

十分な理由があるものと認められるから，右両巡査がＹを逮捕しようとした職務行為は適法であると解するのが相当であ」る。

⬇ **この判決が示したこと** ⬇

　公務員の職務執行が適法であるかどうかは，事後的にではなく行為当時の状況に基づいて客観的・合理的に判断されなければならないことを示した。

 解説

Ⅰ．主観説と客観説

　〔読み解きポイント〕でも示したように，職務行為の適法性の判断基準をめぐって，見解の対立がある。公務員が適法と考えていたかどうかを基準とする主観説は，戦前の大審院[*4]が採用していた立場であるが，この説に従う限り，公務員の考えが誤っていても，常にそれに従うことを国民に要求することになり妥当でないという批判が，特に戦後，強力になされるようになった。こうした流れの中で，多数説となったのが，職務執行が外形的にみて法令に違反しているかどうかにより判断する客観説である。本判決は，職務行為の適法性につき「客観的，合理的に判断」されるべきだと一般論を述べていることから，基本的には，客観説の立場をとったものとみてよいだろう。

Ⅱ．行為時判断か事後的判断か

　さらに，〔読み解きポイント〕で事案に即して示したように，客観説の内部において，職務行為の法令違反につき，行為時の状況に照らして判断する説と事後的に判断する説（純客観説）の対立がある。本判決では，行為当時の状況に基づいて判断すべきだとされ，純客観説をとらないことが明確に述べられている。これは刑事訴訟法学の有力な考え方とも一致する。それによれば，逮捕時点において，現行犯人であると認めることが相当である場合には，後に真犯人でないことが判明しても，現行犯逮捕それ自体は適法であり，刑事訴訟法に違反しないとされている。刑事訴訟法上やってよいとされている以上は，仮に裁判で無罪となっても，適法な行為として刑法上も保護に値する。本件では，Ｙの腹のあたりからけん銃が落ちてきたのだから，行為当時の状況に照らせば，けん銃所持の現行犯人であると認めることが相当である。よって，刑事訴訟法に反しないから，適法な職務執行であると判断されたのである。

Ⅲ．最高裁の判断

　本判決の後，上告され，最高裁の判断が仰がれることになった[*5]。しかし，最高裁は，本判決を支持することを表明したものの，どの説をとるか明確にせず，かっこ書で「なお，所論の点に関する原判決の判断は，相当である。」と述べるにとどめたため，最高裁の立場は明確でない。最も有力な見方によれば，最高裁は本判決の判断の枠組みを基本的に支持し，客観説に親和的な立場を採用していると評価されている[*6]。

*4│
大判昭和7・3・24刑集11巻296頁。

*5│
最決昭和41・4・14判タ191号146頁（百選Ⅱ-113）。なお，本判決は，この最高裁決定の控訴審判決であり，判タ191号146頁に，参考資料として，判決文の抜粋が掲載されている。

*6│
これに対しては，主観説をとる大審院判例が存在するにもかかわらず，特に明確な理由も述べないまま，最高裁が新たな立場を採用したと断言することには慎重でなければならないという意見もある。それによれば，せいぜい，純客観説をとらないことを明確にしたものと理解すべきだとされる。

49

身代わり犯人と犯人隠避罪の成否

最高裁平成元年5月1日決定（刑集43巻5号405頁）　　▶百選Ⅱ-125

事案をみてみよう

　暴力団甲組の組長Aは，乙組の組員に対し，殺意を持ってけん銃を発砲して傷害を負わせたという殺人未遂の被疑事実により逮捕され，身柄を拘束された。甲組の若頭である被告人Xは，このことを知るや，Aの訴追・処罰を免れさせる目的で，組員Yに対し，警察に行って，自分が撃ったと言いはり，Aの身代わり犯人となるよう指示した。Yは，指示どおりに，けん銃を持って警察に出頭し，殺人未遂事件の犯人は自分であるという虚偽の主張をした。

　なお，Yはその場で銃刀法違反等により現行犯逮捕され，取調べを受けたが，当初は自分が犯人であると言いはっていたものの，逮捕から14日目，身代わり犯人であることを認めた。その2日後，Aは，自分が犯人であることを認めた。

> ### ☑ 読み解きポイント
>
> 　本件では，Yに犯人隠避罪（103条），Xに犯人隠避教唆罪が成立するかが問題となる。「隠避」とは，隠れ場所を提供する以外の方法で，捜査機関などによる発見・逮捕を免れさせる行為をいう。警察に追われている犯人のために，逃走資金や変装用道具を提供する行為などがその例であり，身代わり犯人として出頭する行為も含まれるとされる。もっとも，通常のケースでは，まだ捕まっていない犯人を逃がすために行われる。しかし，本件では，犯人Aは警察によって逮捕され，身柄を拘束された状態にある。第1審は，Aのように，すでに発見・逮捕された者は，「隠避」の対象のひとつである，103条にいう「罪を犯した者」にあたらないとした。さらに，Aの身柄は解放されなかったのだから，「隠避」したともいえないと述べている。これに対し，本決定はどのような判断をしているか。この点に注意して読み解こう。

決定文を読んでみよう

Point

　「刑法103条は，捜査，審判及び刑の執行等広義における刑事司法の作用を妨害する者を処罰しようとする趣旨の規定であって……，同条にいう『罪を犯したる者』には，犯人として逮捕勾留されている者も含まれ，かかる者をして現になされている身柄の拘束を免れさせるような性質の行為も同条にいう『隠避』に当たると解すべきである。そうすると，犯人が殺人未遂事件で逮捕勾留された後，被告人が他の者を教唆して右事件の身代り犯人として警察署に出頭させ，自己が犯人である旨の虚偽の陳述をさせた行為を犯人隠避教唆罪に当たるとした原判断は，正当である。」

*1｜若頭

暴力団における，組長に次ぐNo.2の地位のこと。ただし，これらは全国的に統一して用いられる用語ではなく，たとえば，会長，理事長といった地位を設ける暴力団も多く存在する。

*2｜銃刀法

〔判例**48**〕*1参照。

*3｜

これに対し，隠れ場所を提供する方法による場合には，「蔵匿」にあたる。「蔵匿」とは，（捜査機関など）官憲の発見・逮捕を免れるべき隠匿場を供給してかくまうことをいう（大判明治43・4・25刑録16輯739頁，大判大正4・12・16刑録21輯2103頁）。

*4｜
判例の表現によれば，「隠避」とは，蔵匿以外の方法により官憲の発見・逮捕を免れさせる一切の行為をいう（大判昭和5・9・18刑集9巻668頁）。

*5｜
刑事司法作用の重要な要素として，捜査，裁判，刑の執行が挙げられる。これら全体のことを広義の刑事司法作用という。犯人の発見・逮捕が妨げられることで，いずれの作用も害されることは疑いのないことだが，特にどの作用を害する犯罪なのかについて，第1審や控訴審は明確に述べていたといえる。ところが，この点について，本決定は，踏み込んだ説明をしなかった。

⇩ **この決定が示したこと** ⇩

　103条は，捜査，審判，刑の執行など，広義の刑事司法作用を保護する規定である[*5]ことを示した。そして，「罪を犯した者」には，まだ発見・逮捕されていない者だけでなく，すでに発見・逮捕されて身柄を拘束されている者も含み，こうした者を，現に行われている身柄の拘束から解放させる危険性を持った行為も，「隠避」にあたることを示した。

☞ 解説

Ⅰ. 「罪を犯した者」の意義と103条の保護法益

　上でも述べたように，第1審は，本決定と異なり，「罪を犯した者」を狭く解釈して，すでに逮捕されて，身柄を拘束されている者はこれに含まれないという見解を示した。その際，第1審は，犯人の身柄の確保に向けられた刑事司法作用が103条の保護法益であると明確に述べた。そして，Aの身柄がすでに確保されている本件では，こうした作用は害されないとして，無罪を言い渡している。その主要な理由は，103条であわせて規定されている「拘禁中に逃走した者」，「蔵匿」とのバランスである。「拘禁中に逃走した者」は，文字どおり，逃走中で身柄を拘束されていない状態にある。「蔵匿」とは，別荘など，場所を提供してかくまうことをいうとされており，その対象は，身柄が拘束されていない者である。これらとの均衡から，「罪を犯した者」も，身柄を拘束されていない犯人に限られると考えるべきだというのである。

　これに対し，控訴審は，「〔Yの自首により，〕犯人の特定に関する捜査が少なからず混乱，妨害させられた」などと述べて，第1審判決を破棄し，犯人隠避（教唆）罪の成立を認めた。ここでは，犯人の身柄の確保に限らず，誰が真犯人かを特定することに向けられた刑事司法作用も保護法益であるとされているのである。

　以上に対し，本決定は，控訴審判決の結論を支持し，身柄を拘束されている者も「罪を犯した者」にあたるとした。ただ，保護法益をめぐる見解の対立については詳しく論じることなく，広義の刑事司法作用を保護する規定であると述べるにとどまったため，いくつかの見方が可能である。その中でも比較的有力な見方によれば，本決定は，第1審の立場を前提にしても，いずれにせよ，Aは「罪を犯した者」にあたると結論づけることが可能であることを暗に示したものと理解されている。すなわち，すでに拘束されている者であっても，その身柄を解放させれば，犯人の身柄が確保されていない状態を作り出すことになるため，犯人の身柄の確保に向けた刑事司法作用が害されていると説明することは可能であることを暗示しているとみるのである。

Ⅱ. 「隠避」の意義

　次に，「隠避」したといえるかが問題となるが，この点について，本決定は，「身柄の拘束を免れさせるような性質の行為」，つまり，そうした危険性のある行為をすれば，「隠避」にあたるとし，身柄を現実に解放させることまでは必要ないとしている。これは，103条を抽象的危険犯としてとらえていることの表れといえよう。[*6]

*6｜
たとえば，逃走資金を提供したところ，その10分後に，犯人が逮捕されたという場合にも，犯人隠避罪は成立する。なぜなら，具体的なケースではともかく，一般的にみれば，逃走資金を提供するという行為自体に，犯人の発見・逮捕を免れさせる危険性が認められるからである。このように一般的・類型的に法益が侵害される危険性があれば，その成立が認められる犯罪のことを，抽象的危険犯という。本件について，控訴審判決が言及している「捜査が少なからず混乱，妨害させられた」という事実も，本罪の成立要件ではないことになる。

50

「職務に関し」の意義

最高裁平成17年3月11日決定（刑集59巻2号1頁）　　　　　▶百選Ⅱ-105

🔭 事案をみてみよう

　Ａは，東京都多摩市にある土地を取得するにあたり，さまざまな妨害行為を繰り返すＰに頭を悩ませていた。そこで，Ａは，Ｐと元暴力団組長Ｑらの妨害行為について，警視庁[*1]の多摩中央警察署長あてに告発状を提出した。

　Ｐらが逮捕されるのを期待したＡは，多摩中央警察署に捜査を早く進めるよう何度も催促したが，進展がなかった。そこで，知り合いの不動産業者Ｂらのすすめにより，警視庁の警察官として調布警察署の地域課で交番勤務し，犯罪の捜査等の職務[*2]に従事していた警察官の被告人Ｘと面談し，上記の告発事件について相談をするようになった。

　相談の過程で，Ａは，①告発状の検討・助言，②捜査情報の提供，③捜査関係者への働きかけなど，有利で好都合な処理をしてもらいたいという趣旨から，3回にわたり，合わせて250万円の現金を差し出した。Ｘは，こうした趣旨であることを知りながら，現金を受け取った。[*3]

✓ 読み解きポイント

　本件では，Ｘに収賄罪（197条1項前段）が成立するかが争われた。問題の中心は，Ａの告発事件をめぐって上記の①〜③のような趣旨で提供された250万円を受け取ったことが，同罪の「職務に関し」という要件を満たしているかである。

　そもそも，Ａが告発した事件の捜査を実際に担当しているのは，多摩中央警察署の刑事課であって，調布警察署の地域課で交番勤務するＸではない。そうすると，Ｘは，自己の職務とは無関係に250万円を受け取ったとはいえないだろうか。この点に注意して読み解こう。

📖 決定文を読んでみよう

　「警察法64条等の関係法令によれば，同庁〔警視庁〕警察官の犯罪捜査に関する職務権限は，同庁の管轄区域である東京都の全域に及ぶと解されることなどに照らすと，被告人が，調布警察署管内の交番に勤務しており，多摩中央警察署刑事課の担当する上記事件の捜査に関与していなかったとしても，被告人の上記行為は，その職務に関し賄賂を収受したものであるというべきである。したがって，被告人につき刑法197条1項前段の収賄罪の成立を認めた原判断は，正当である。」

---

*1 | 警視庁
東京を管轄区域とする警察組織のことであり，東京都内に102の警察署を配置している。北海道警察，埼玉県警察，大阪府警察，沖縄県警察など，すべての都道府県に，それぞれの区域を管轄する警察組織が存在するが，東京都のみ，「東京都警察」ではなく「警視庁」という名称である。なお，警察庁は警察行政を担当する国家機関であって，警視庁とは異なる。

*2 |
ＢらとＸは知り合いだったようである。

*3 |
①〜③につき，結果的に，ＸはＡの期待に添うようなことはほとんど何もしなかった。特に②③については，実際上Ｘが行うことは困難だったようである。

↓　この決定が示したこと　↓

　警察法64条[*4]などの法令によれば，警察官の犯罪捜査に関する職務権限は各都道府県警察の管轄区域の全域に及ぶ。よって，実際に担当していなくても，同じ都道府県の別の警察署が担当している事件の捜査は，警察官の職務権限に属する事項といえる。したがって，こうした事件の捜査について，警察官が賄賂を収受することは，「職務に関し」の要件を満たしうることを示した。

解説

Ⅰ．具体的職務権限と一般的職務権限

　本件で，Ｘが多摩中央警察署の刑事課に所属し，Ａの告発事件を実際に担当していたならば，「職務に関し」賄賂を受け取ったといえる。このように，賄賂と対価関係にある行為[*5]が，賄賂を受け取る公務員の具体的職務権限に属する場合に，「職務に関し」の要件を満たしうることに争いはない。

　もっとも，判例によれば，賄賂と対価関係にある行為が一般的職務権限に属する場合にも，「職務に関し」にあたりうるとされている[*6]。つまり，実際には担当していないが，担当する可能性のある職務も含まれうるとされているのである。なぜなら，そのような場合であっても，賄賂罪の保護法益である「職務の公正と，これに対する社会一般の信頼」は害されており，処罰に値すると考えられるからである。

　この判例に照らすと，Ｘが多摩中央警察署の刑事課に勤務していたが，他の殺人事件の担当者であったという場合，同じ「課」の中で担当を命じられることはありうるのだから，Ａの告発事件は一般的職務権限に属すると判断されうることになろう。

Ⅱ．「課」や「署」が異なる場合

　問題は，「課」が違う場合，さらにいえば，本件のように，そもそも「署」が違う場合であっても，こうした一般的職務権限の理論を適用できるかである。本決定以前には，異なる「署」の所轄事項についてまで，一般的職務権限の範囲内であるとした最高裁判例はなかったし，そこまで広げることについては慎重であるべきだという学説も有力である。しかし，本決定は，Ａの告発事件は，Ｘの一般的職務権限に属すると判断している。ここで疑問なのは，異なる署で，刑事課ではなく地域課に勤務するＸが，Ａの告発事件を担当する可能性がどの程度あったのかという点である。

　この点につき，本決定は，実際上の担当可能性を問題としていない点に注意しなければならない。警察法64条の規定を根拠に，警視庁の警察官の犯罪捜査に関する職務権限は東京都全域に及ぶとしているが，これはＡの告発事件を担当する「法的可能性」があることを理由に，Ｘの一般的職務権限の範囲内であるという判断を示したということができる[*7]。

　もっとも，このように一般的職務権限の範囲が広く認められたのは，職権が広く及ぶ警察官の職務の特殊性によるものであり，本決定は，他の公務員の一般的職務権限の範囲を，同様に広くとらえることまで肯定したものではないことに注意を要する。

*4
警察法64条
「都道府県警察の警察官は，……当該都道府県警察の管轄区域内において職権を行うものとする。」

*5
本件でいえば，Ａの告発事件に関して①告発状の検討・助言，②捜査情報の提供，③捜査関係者への働きかけなど，有利で好都合な処理をすることである。

*6
最判昭和37・5・29刑集16巻5号528頁。ある県の農地課開拓係に勤務する者が，同じ農地課の耕地係の担当事項に関し賄賂を収受した事案について，「職務に関し」という要件を満たすと判断した。

*7
本判決では直接触れられていないが，賄賂と対価関係にある上記の①～③のうち，特に③については，厳密にとらえれば，犯罪捜査に関する本来の職務行為とはいいにくいことから，この点をどのように考えるべきかという問題もある（②も同様の問題を含みうる）。この点につき，判例はかねてより，職務行為には⑦職務権限に属するものに限らず，④それに密接に関連する行為も含まれると理解している（もう一歩先へ〔p.134〕参照）。こうした理解を前提に，①は職務権限に属する行為（⑦），②はとらえ方によってどちらか一方にはあたりうる行為（⑦か④），③は職務に密接に関連する行為（④）ととらえた上で，Ｘの一般的職務権限に含まれると判断したといえる。

1. 公務執行妨害罪：職務の執行

公務執行妨害罪（95条1項）が成立するためには，「職務を執行するに当たり」暴行・脅迫が行われなければならないが，職務の執行の開始や終了の時点をめぐり，微妙な判断が迫られる場合も少なくない。この問題に関する重要判例のひとつとして，最決平成元・3・10刑集43巻3号188頁（百選Ⅱ-114）が挙げられる。事案は以下のとおり。熊本県議会公害対策特別委員会で，委員長Aは，水俣病認定申請患者協議会代表者からの陳情に関する回答文を朗読し始めたが，協議会構成員および支援者であった被告人らが騒いで激しく抗議した。そのため，Aは審議を中断せざるをえなくなり，休憩を宣言して，審議の打ち切りを告げて席を離れ出入口に向かったところ，被告人らが抗議し，そのうちの1名がAに暴行を加え，さらに廊下においても，約20～30名が暴行を加えたというものである。たしかに，休憩宣言という明確な中断事由が存在し，また，退出行為それ自体は具体的な職務執行ではない。しかし，最高裁は，「委員長Aは，同委員会の議事を整理し，秩序を保持する職責を有するものである」とした上で，「休憩宣言により職務の執行を終えたものではなく，休憩宣言後も，前記職責に基づき，委員会の秩序を保持し，右紛議に対処するための職務を現に執行していたものと認めるのが相当である」と述べて，公務執行妨害罪の成立を認めた。

2. 犯人隠避罪：犯人の死亡

103条の「罪を犯した者」に死者も含まれるかが問題となった裁判例として，札幌高判平成17・8・18高刑集58巻3号40頁（百選Ⅱ-126）が挙げられる。事案は，飲酒帰りに車ごと川に転落した際，同乗者だった被告人が，運転手Aの飲酒運転の発覚をおそれ，警察官に「運転していたのは自分だ」と嘘を述べたが，その時点ではAは死亡していたというものである。札幌高裁は，「同条は，捜査，審判及び刑の執行等広義における刑事司法の作用を妨害する者を処罰しようとする趣旨の規定である。そして，捜査機関に誰が犯人か分かっていない段階で，捜査機関に対して自ら犯人である旨虚偽の事実を申告した場合には，それが犯人の発見を妨げる行為として捜査という刑事司法作用を妨害し，同条にいう『隠避』に当たることは明らかであり，……犯人が死者

であってもこの点に変わりはない」と述べて，犯人隠避罪の成立を認めた。ただし「捜査機関に誰が犯人かわかっていない段階で」という限定が付されている点に注意する必要がある。

3. 賄賂の罪：職務密接関連行為

「職務に関し」とは職務行為と賄賂の対価関係を意味するが，この職務行為には職務密接関連行為も含まれるとするのが判例である。この問題に関する重要判例として，最決昭和59・5・30刑集38巻7号2682頁（百選Ⅱ-106）が挙げられる。事案は，大学設置審議会の委員であり，歯科大学の教員の資格等を審査する，同審議会内の歯学専門委員会の委員でもある被告人が，歯科大学設置の認可申請をしていた関係者らから現金などの供与を受けたというものである。現金などの供与は，①教員予定者の適否を歯学専門委員会における審査基準に従ってあらかじめ判定し，②歯学専門委員会の中間的審査結果を正式通知前に知らせることに関するものであった。①②の行為は公務員の守秘義務などに違反する行為であり，職務行為それ自体とはいいにくいため，「職務に関し」の要件を満たすかが争点となったのである。最高裁は，①②の各行為は「右審議会の委員であり且つ右専門委員会の委員である者としての職務に密接な関係のある行為というべきであるから，……収賄罪にいわゆる職務行為にあたる」と述べて，収賄罪の成立を肯定した。このように結論しか述べられていないが，谷口正孝裁判官の補足意見によれば，職務密接関連行為とは「本来の職務行為として法律上の効力は認められないとしても，職務行為と関連性があり社会通念上職務行為として認められ行われているもの」をいい，「そのような行為として認定するためには，当該公務員の職務権限と実質的な結びつきがあるかどうか，公務を左右する性格をもつ行為かどうか，公務の公正を疑わせるかどうかの視点が基準となる」とされる。本件については，「被告人のした行為は，……私人としての鑑定行為に類するものとはとうてい言えないものであり，被告人が前記各委員としての地位に在ることによって初めて可能な行為であって，被告人の職務権限と実質的な結びつきがあり，公務を左右する性格をもつ行為であり，公務の公正を疑わせるものであることは，明らかである」とされている。

大審院・最高裁判所

高等裁判所

地方裁判所

\ START UP /

刑法各論判例 50！

2017年12月20日　初版第1刷発行
2025年 3 月10日　初版第5刷発行

著者	十河太朗
	豊田兼彦
	松尾誠紀
	森永真綱
発行者	江草貞治
発行所	株式会社有斐閣
	郵便番号　101-0051
	東京都千代田区神田神保町2-17
	https://www.yuhikaku.co.jp/
デザイン	堀 由佳里
印刷・製本	大日本法令印刷株式会社

©2017, Taro Sogo, Kanehiko Toyota,
Motonori Matsuo, Masatsuna Morinaga.
Printed in Japan